ÉTUDES

SUR LES

CÔTES OCCIDENTALES DE L'AFRIQUE

1° LA CÔTE DES ESCLAVES

RAPPORT SUR LE MÉMOIRE DE M. LE DOCTEUR FÉRIS,
PROFESSEUR A L'ÉCOLE DE MÉDECINE NAVALE
DE ROCHEFORT

2° JOURNAL D'UN MISSIONNAIRE AU DAHOMEY

D'APRÈS LES NOTES DU PÈRE BORGHERO

(Extraits des Bulletins de la Société de Géographie de Lyon)

Par le Docteur E. CHAPPET

ANCIEN MÉDECIN DE L'HÔTEL-DIEU DE LYON

IMPRIMERIE GÉNÉRALE DE LYON

30, RUE CONDÉ, 30

1881

LA CÔTE DES ESCLAVES

ÉTUDES SUR L'AFRIQUE OCCIDENTALE

LA CÔTE DES ESCLAVES

RAPPORT SUR LE MÉMOIRE DE M. LE DOCTEUR FÉRIS

Par E. CHAPPET,

ANCIEN MÉDECIN DE L'HOTEL-DIEU DE LYON

(Extrait du *Bulletin de la Société de Géographie* de la même ville.)

IMPRIMERIE GÉNÉRALE DE LYON

30, rue Condé, 30

1881

LA CÔTE DES ESCLAVES

La frégate française l'*Hamelin* a fait, en 1876, sur la côte occidentale de l'Afrique, et spécialement sur la Côte des Esclaves, une campagne dont M. Féris, médecin de 1re classe de la marine, a donné une relation détaillée dans un mémoire qui a obtenu le premier prix de médecine navale pour l'année 1878. Un exemplaire de cette excellente monographie ayant été adressé à notre Compagnie, la mission m'a été donnée de présenter un rapport sur ce travail.

Un rapporteur n'a pas toujours une tâche facile. Tantôt il doit rendre claires des choses obscures, tantôt il doit donner de l'intérêt à des choses qui n'en ont pas. Pour moi, les difficultés n'étaient pas de cette nature. L'ouvrage de M. Féris est rédigé dans un langage dont la clarté et la précision n'excluent pas l'élégance du style. D'autre part, les faits intéressants abondent à un tel point que, si je voulais les faire tous passer sous vos yeux, je devrais non pas présenter une analyse, mais donner lecture de l'ouvrage tout entier. Forcé à me restreindre assez pour ne point fatiguer votre attention, j'ai donc, à mon grand regret, résumé et réduit ce qu'il m'était impossible d'exposer intégralement.

La région étudiée par l'auteur est envisagée à tous les points de vue : météorologie, géologie, climat, histoire naturelle, géographie, races humaines, état social, religieux, politique, sanitaire, agriculture, commerce, rien n'a été omis, et il serait fort difficile de donner d'un pays une description plus complète.

Cette contrée, très-fréquentée par les navigateurs européens, et où la France, dignement représentée par de nombreux comptoirs, pratique un commerce très-important, avait été déjà l'objet d'une étude très-intéressante publiée par M. l'amiral Fleuriot de Langle, dans la relation de sa grande croisière sur la côte occidentale de l'Afrique. Mais cet éminent officier, ayant fait porter ses recherches sur une région beaucoup plus étendue, a dû nécessairement entrer dans moins de détails au sujet du territoire que M. Féris s'est chargé de nous faire connaître et qu'il a, je le répète, envisagé sous tous ses aspects.

Pour rendre plus claire l'exposition dans laquelle je vais entrer, j'ai dû dresser une carte de la Côte des Esclaves, en prenant pour guide celle de Pétermann. Mais en comparant cette carte toute moderne à celle de Dufour, publiée en France en 1830, j'ai constaté, non sans surprise, que le relèvement de la Côte offre peu de différences et que les principales stations sont indiquées dans l'une et l'autre avec une assez grande conformité. La connaissance du littoral était donc, à une époque déjà éloignée de nous, beaucoup plus avancée qu'on ne serait porté à le croire.

Mais j'ai hâte d'en finir avec ces considérations préliminaires pour entrer en plein dans mon sujet.

La Côte des Esclaves s'étend depuis le cap Saint-Paul jusqu'au delta du Niger, rivage monotone, sans golfe ni promontoire, d'une direction presque rectiligne. Cette forme est due sans doute à l'existence du courant de Guinée qui, agissant presque constamment de l'ouest à l'est, comblant les enfoncements et effaçant les saillies, tend à égaliser cette interminable plage de sable, si peu résistante à l'action des flots. La Côte est partout basse et plate, sans collines à l'horizon. A peu de distance de la terre, une ligne blanche et écumeuse indique la situation de la barre, puis vient une zone de sable formant un long ruban jaunâtre, limité par une ligne verdâtre d'arbres et de broussailles. Un ciel nébuleux limite ce panorama monotone.

Le débarquement est impraticable pour des embarcations européennes, souvent même dangereux pour les pirogues du pays. En certains points, outre le danger d'être noyé, on court aussi celui d'être mangé par les requins. Le terrain est composé de mica, de quartz et de felspath, d'une couleur ocracée, due probablement à l'oxyde de fer. Toute cette région n'est sans doute qu'une alluvion fluviatile, formée à la longue par la décomposition des roches granitiques de l'intérieur. Le continent tendrait donc à empiéter sur l'océan, soit à cause de l'apport constant des alluvions par les eaux des fleuves, soit à cause des dépôts continuels de sable qu'apportent les vagues poussées le plus souvent par le vent du sud-ouest.

En comparant cette situation avec celle qu'indiquent les cartes portugaises du temps de la découverte, on peut reconnaître que l'ancien littoral était à deux milles plus en arrière que celui d'aujourd'hui. En creusant le sol à une faible profondeur, on voit que le terrain du rivage repose sur des bancs de coraux. A cent mètres de la plage, le sol sablonneux est remplacé par un sol argileux, recouvert d'un humus riche en détritus organiques et plongé dans une constante humidité. Une puissante végétation couvre la terre, qui présente une faible inclinaison. La ville de Whydah, située à cinq kilomètres de la plage, n'est pas à plus de dix mètres au-dessus du niveau de la mer. En quelques points se montrent des marécages très-étendus. Les seules collines qu'on rencontre sont au delà d'Abomey, à environ 45 lieues marines de la plage; elles forment l'extrémité des monts de Kong. Le pays est entre-coupé, surtout au voisinage de la mer, de canaux naturels cu lagunes, qui s'élargissent parfois jusqu'à former de véritables lacs. Elles communiquent en quelques points avec la mer, qui donne à leur eau une saveur saumâtre. La principale lagune court parallèlement à la Côte, depuis le Volta jusqu'au Bénin. La Côte forme ainsi presque partout un long ruban bordé d'eau des deux côtés, et ayant une largeur variable de deux mille à quelques centaines de mètres. Cinq lacs sont formés, dans la région étudiée par l'auteur, par les dilatations des lagunes : 1º le lac de Quittah; 2º le lac d'Hacco ou de l'Avun, au nord de Porto Seguro; 3º le lac de Denham, communiquant avec le suivant; 4º le lac de Porto Séguro, baignant la ville de ce nom; 5º le lac de Lagos, au nord de la possession anglaise.

Les fleuves qui arrosent ce pays sont : le Volta, l'Ogoun, ayant son embouchure à Lagos, le Bénin, qui est une des bouches du Niger.

Météorologie. Le climat est celui des régions *diploriques* ou des saisons doubles alternantes. Celles-ci peuvent être réparties de la manière suivante :

1. *Grande saison des pluies,* du 15 mars au 15 juillet;

2. *Petite saison sèche,* du 15 juillet au 20 septembre. C'est la période la moins chaude de l'année.

3. *Petite saison des pluies,* du 20 septembre au commencement de décembre ;

4. *Grande saison sèche,* du commencement de décembre au 15 mars.

Le vent prédominant est celui du sud-ouest, qui souffle neuf mois de l'année. En janvier et février souffle quelquefois l'*harmattan* ou brise du nord-est, dont l'approche est toujours annoncée par un épais brouillard. Ce vent, moins fort que dans d'autres parties de l'Afrique, n'en est pas moins fort désagréable ; il dessèche les lèvres et le gosier, produisant une soif intolérable ; il fendille la peau et flétrit les feuilles, qui tombent sur le sol, torréfiées par cette haleine brûlante. La grande saison sèche, quoique peu agréable, est la plus saine de l'année.

De violents orages, appelés tornades, se font sentir sur la côte occidentale de l'Afrique. Ce mot paraît venir du portugais *tro-roada,* qui signifie tempête, ou peut-être du mot *torneada,* qui signifie contournée, ce qui serait une allusion à l'arc nuageux du début ou à la brise qui fait le tour du compas. Je suivrai l'auteur dans la description très-remarquable qu'il a donnée d'une de ces perturbations atmosphériques.

« Il est huit heures du soir. La journée a été d'une chaleur « accablante, aucune brise ne souffle, quelques légers nuages « cotonneux se montrent sur le fond du ciel étoilé. Tout à coup « un point noir apparaît dans le nord-est, cette tache s'accroît « rapidement, les bords sont nettement circulaires, la couleur « noire tranche vivement sur la teinte bleue du ciel ; dans sa « marche progressive cet amas nuageux semble un énorme « crabe qui rongerait peu à peu la voûte céleste. Tout est silen- « cieux dans la nature, les vagues se sont arrêtées dans un calme « complet. Bientôt un demi-cercle noirâtre a obscurci la moitié « du ciel. Tout à coup un vent épouvantable s'élève, suivi bientôt

« d'une pluie diluvienne. La mer se soulève en flots incohérents ;
« à ces bruits se mêle bientôt la grande voix du tonnerre et de
« brillants éclairs illuminent toute la partie orageuse du ciel.
« La voûte céleste disparaît enfin complètement, le vent mollit
« un peu en faisant le tour du compas et en passant brusque-
« ment du N.-E. à l'E., puis au S.-E. et au S., et quelquefois
« au N.-O. et au N. Les éclairs continuent avec une telle lueur
« que l'œil ne peut la supporter. La silhouette noire des navires
« se détache vivement sur le fond de cette atmosphère incandes-
« cente et d'une teinte violet clair. La forme de ces éclairs est
« très-variable ; tantôt c'est une immense nappe lumineuse, tan-
« tôt une ligne de feu droite ou brisée ; d'autres fois des branches
« se dirigent dans tous les sens, comme les rameaux d'un végé-
« tal ; dans d'autres cas, enfin, une boule de feu surmonte une
« longue étincelle perpendiculaire à l'horizon. Peu à peu, le
« météore continuant sa route vers le sud, le firmament se dé-
« gage au nord et finit par s'éclaircir entièrement. A onze heures
« du soir tout est rentré dans l'ordre, un calme parfait succède
« à cette violente convulsion de la nature. »

La tornade est presque toujours annoncée par quelques symp-
tômes avant-coureurs, comme des nuages d'une teinte cuivrée le
jour et d'un noir très-foncé la nuit. Après la tornade l'air est
plus frais et des plus agréables, le thermomètre a toujours
baissé de quelques degrés, par exemple de 30° à 23°,6. La durée
en est variable de 1/2 heure à 5 ou 6 heures, la moyenne est de
1 heure 1/2. Elle n'existe que pendant les deux saisons humides
et surtout pendant la grande époque des pluies, c'est-à-dire de
septembre au commencement de décembre, et du milieu de
mars en juillet. La fréquence n'en est pas très-considérable,
l'auteur n'ayant vu que deux forts orages dans le cours d'une
année.

En résumé, le climat, chaud et humide, peut être classé parmi
les climats constants. Pendant le séjour de l'auteur, la moyenne
des écarts journaliers n'a pas atteint 3 degrés. Une seule fois,
en novembre, l'écart, en 24 heures, a atteint 10, 2 ; c'est la
plus grande variation observée dans une année. La moyenne
de l'année a été de 26°, 2. — Maximum en novembre, 35°,2. —

Minimum en août, 20º,5. — Les mois les plus chauds, février et mars 1877, ont atteint 27º,9, — le plus froid, août, 23º,8. — La différence entre ces deux moyennes extrèmes n'égale que 4º 1 ; ainsi on peut dire qu'un été perpétuel règne dans ces régions. L'électricité existe constamment à un haut degré, ainsi que l'ozone, qui est souvent reconnaissable à l'odorat. Le ciel est rarement dépourvu de nuages, même pendant les saisons sèches.

L'auteur, après cette étude remarquable de la météorologie et du climat, passe à celle de la flore et de la faune, qui lui fournissent les matériaux les plus dignes d'intérêt.

Une riche végétation couvre le pays, faisant de la Côte des Esclaves un tapis de verdure perpétuel. Mais ce qui frappe d'abord les yeux, l'esprit du voyageur, c'est la différence de fertilité qui distingue le terrain situé entre la mer et les lagunes et celui qui s'étend vers l'intérieur. Le premier, étroit et sablonneux, ne présente qu'une maigre végétation ; dans le second la vie végétale s'offre dans son plus magnifique épanouissement, favorisée à la fois par la chaleur du soleil et des pluies bienfaisantes. Parmi les végétaux utiles l'auteur cite le *maïs*, dont la culture est des plus simples et qui donne deux récoltes par an, le *manioc et l'igname*, le *palmier avoira (elæis guineensis)*, nommé *dondé* dans les Popos. Cet arbre fournit l'huile et l'amande de palme, objets d'une grande exportation. Il forme d'immenses forêts, occupant de préférence les lieux bas et humides. La hauteur de l'arbre à l'état adulte est de 5 à 7 mètres. Très-abondant, il se multiplie de lui-même et son entretien ne demande aucun frais.

Le *raphia vinifera*, autre palmier moins commun que le précédent, qui fournit le vin de palme. Les solides nervures de ses feuilles, qui ont souvent plus de 20 centimètres de diamètre, rendent de nombreux services dans la charpente et la menuiserie.

Le *coqueiro (cocos butyracea)*, très-utile à l'art du charpentier. Le bois de son tronc, très-dur et d'un noir foncé, sert à faire des poutres, des planches et même des objets de menuiserie.

Le *borassus Æthiopum*, dont le tronc est employé aux mêmes usages, dont les fruits sont comestibles et dont les feuilles tressées servent à fabriquer d'immenses chapeaux.

Le *cocotier* (*cocos nucifera*), utilisé pour ses fruits et ses feuilles. Le *citronnier*, l'*ananas*, le *bananier*, le *gingembre*, le *figuier*, l'*arbre à pain*, haut de 6 à 7 mètres, dont les fruits farineux se mangent bouillis ou cuits au four.

Le *bixa orellana*, dont les graines fournissent la matière colorante jaune appelée *rocou*, et qui croît spontanément dans le pays. La *vigne* et le *figuier*, importés d'Europe, ne donnent que de médiocres produits. Il n'en est pas de même du *chou* et du *cresson*, qui réussissent très-bien.

Le *fromager* (*bombax pentandrum*), de la famille des sterculiacées, géant de la végétation de ces contrées. C'est dans le tronc de cet arbre, ainsi que dans celui du *baobab* (*Adansonia digitata*), que les indigènes creusent leurs pirogues. La noix de *kola* (*sterculia acuminata*), dont les noirs sont très-friands, possède une saveur agréable et des effets stimulants comme ceux du café. Le prix en est assez élevé, et il s'en exporte beaucoup au Brésil. Le *cacaotier* (*theobroma cacao*), importé par les missionnaires, encore peu cultivé, mais d'une bonne réussite. L'*oranger* atteint des proportions magnifiques. Le *papayer* (*carica capaya*), ou arbre à melon, donnant d'excellents fruits, qui se mangent crus, cuits ou confits. De nombreuses plantes de la famille des *cactées* et de celle des passiflorées. Le *calebassier* (lagenaria), fournissant la plupart des récipients dont se servent les indigènes. Les *courges*, dont les semences forment une ressource précieuse dans un pays où le ver solitaire est très-fréquent. *Des pastèques et des melons médiocres.* La *sensitive*, qui borde beaucoup de sentiers, et dont un coup de canne un peu violent fait refermer les feuilles sur une étendue d'une dizaine de mètres. Le *palétuvier* (rizophora mangle), les *patates*, le *datura*, le *tabac*, le *piment*, les *tomates*, le *sésame*, le *café*, la *laitue*, la *chicorée*, les *arachides*, l'*indigo*, le *néflier*, le *grenadier*, le *goyavier*. Cette riche végétation réunit, comme on peut en juger, les principaux produits des régions tempérées et des zones tropicales.

La faune est moins riche qu'on ne pourrait le supposer *à priori*; ainsi point de chameaux ni d'éléphants; les *singes* sont rares sur la côte, communs dans l'intérieur. A Whydah et à Godomey se voient de nombreuses *chauves-souris* de plus d'un mètre d'envergure; le corps a le volume de celui d'un petit chat; la tête rappelle celle du renard ; le cri est celui du rat, dans un ton plus élevé. Les *chiens* sont fauves, à poil ras, à oreilles pointues et droites. Leur aboiement ressemble à un glapissement. Le *chat sauvage*, le *chat-tigre* et l'*once* rôdent la nuit autour des maisons. La *panthère* et l'*hyène* sont rares, le *léopard* abondant, le *lion* inconnu. Le pays possède un *animal porte-musc*, que l'auteur n'a jamais vu ; chaque année ce quadrupède se débarrasse de ses sachets de musc en se frottant contre un arbre. C'est probablement une espèce de civette. *Porc-épic, paca, rat géant* dont les noirs sont très-friands. Le *rat palmiste* (*mus funambulus*) ressemble à l'écureuil, mais il est plus gros. Sa chair est exquise. *Rat musqué. Campagnol jaune. Rat commun* (*mus rattus*) et *souris*. Les noirs ont souvent pendant leur sommeil les orteils rongés par ces animaux, sans que ces morsures les réveillent. Les *chevaux* sont rares et petits. Il n'y a point d'*ânes*. Les *bœufs*, très-petits, ne fournissent en moyenne que 60 kilog. de substance alimentaire. Les *moutons*, à laine rude, ont une très-bonne chair. Les *cochons* sont noirs. On dit qu'il y a des *sangliers*. Les *chevreuils*, les *gazelles*, les *cerfs*, sont assez communs, l'hippopotame rare. On parle d'un animal à poitrine de femme, que les noirs nomment *poisson-femme*. Le père Ménager, missionnaire, qui habite le pays depuis longtemps, n'a jamais vu cette bête et pense qu'il s'agit du *lamentin du Sénégal*.

Les *oiseaux* sont très-nombreux et très-variés. On voit beaucoup de vautours, très-respectés par les naturels, parce qu'ils dévorent les détritus animaux. Les bécassines et les canards sauvages abondent aux bords des eaux, ainsi que les hérons et les pélicans. Les passereaux très-variés et des perroquets de toutes les couleurs animent le paysage par leur vol et par leur chant.

Reptiles. — On trouve des *caïmans* dans la lagune, ils sont petits et peu dangereux. Les *tortues* appartiennent aux espèces *græca* et *mauritanica*. Les serpents sont très-nombreux, quelques espèces seulement sont dangereuses. Les crapauds atteignent des proportions énormes.

Les *insectes* sont très-nombreux et très-beaux. On compte dix espèces de *fourmis*, dont quelques-unes ont trois centimètres de longueur. Les *mouches* sont rares, mais en revanche il y a beaucoup de *moustiques* et d'*insectes phosphorescents*.

Les eaux sont habitées par beaucoup de *poissons*, de *crustacés* et de *mollusques*. Parmi les premiers il faut signaler de nombreux *requins*, faisant beaucoup de victimes. On rencontre quelques *poissons vénéneux*. Des *crabes*, de *grosses crevettes* et d'excellentes *huîtres* constituent une précieuse ressource pour l'alimentation.

Géographie politique. A la hauteur du cap Palma ou des Palmes, vers le 5ᵉ degré de latitude nord, la côte d'Afrique s'infléchit brusquement à l'est et forme, de ce point jusqu'au fond du golfe de Biafra, un rivage de 540 lieues marines presque parallèle à l'équateur. En 1382 les Français s'établirent sur la Côte d'Or, où ils élevèrent le fort de la Mine, nommé aujourd'hui Elmina. Vers la fin du XVᵉ siècle, les navigateurs portugais, suivant cette côte qui se prolongeait indéfiniment, crurent avoir trouvé la route des Indes. Cette étendue de terrain comprend, de l'ouest à l'est : la *Côte d'Ivoire* avec nos comptoirs d'*Assinie*, de *Grand Bassam* et de *Dabou* ; la *Côte d'Or*, entièrement anglaise depuis les cessions faites par les Danois et les Hollandais ; la *Côte des Esclaves*, en partie indépendante ; puis la *côte de Calabar*, au niveau du delta du Niger, enfin le *golfe de Biafra*, où se trouve l'île espagnole de *Fernando-Po*. La Côte des Esclaves est ainsi nommée parce qu'elle fut longtemps le siége principal de la traite des noirs, dont le marché du roi de Dahomey était abondamment pourvu. L'auteur comprend sous le nom de Côte des Esclaves toute la région qui s'étend entre le fleuve Volta à l'ouest et la rivière de Bénin, une des bouches du Niger, à l'ouest. Au point de vue politique, cette région comprend les Etats des *Popos*, du *Dahomey* et de *Porto-Novo*, enclavés entre les deux possessions anglaises de Quittah et de Lagos. Depuis 1874 toutes les possessions anglaises de la Côte d'Or et de la Côte des Esclaves forment une colonie unique et un gouvernement dont le siége a été d'abord à Cap-Coast et actuellement à Acra, à plusieurs milles plus à l'est. L'auteur décrit successivement ces divers Etats.

1° *Possessions anglaises à l'est du Volta.* — Région cédée en 1850 à

l'Angleterre par les Danois. Le Volta, qui dans sa partie nord sé-
pare le royaume des Ashantis de celui de Dahomey, est navigable
jusqu'à des rapides situés à plus de 100 kilomètres de son embouchure. La ville la plus importante de cette région est *Quittah*,
située par 5° 54 de latitude nord et 9° 19 de longitude ouest. Elle
possède de nombreux commerçants indigènes, une factorerie anglaise et une factorerie allemande, appartenant à une maison de
Brème. Les paquebots anglais y font toujours une station de
quelques heures. A l'ouest et sur les ruines de l'ancienne forte-
resse danoise de Prindsensteen est construit un fort anglais, oc-
cupé par quelques soldats noirs conduits par un capitaine. Celui-
ci, remplissant les fonctions de *district-commissionner*, fait payer
des droits à tous les bâtiments qui mouillent devant Quittah.

2° *Principauté des Popos*. — Partie de la côte assez peuplée, com-
prenant beaucoup de villages à peu près indépendants les uns
des autres, on n'ayant qu'une vassalité nominale. Chaque village
obéit à un chef nommé *cabeceiro*, du mot portugais *cabeça* qui
signifie chef. D'après les renseignements obtenus par l'auteur,
il existe de Quittah au Dahomey trois confédérations ayant cha-
cune un souverain. Mais toutes ces souverainetés sont beaucoup
plus nominales que réelles. La ville principale, le *Petit Popo*, peuplée de 3,000 habitants, est située sur le bord d'une lagune, contient plusieurs factoreries françaises, anglaises et allemandes.
Les cases de cette ville, comme celles de tout le pays, sont en *barre*
(du mot portugais barro, argile). On obtient généralement de l'eau
potable sur toute cette côte en creusant le sable à quelque distance
de la mer; mais le Petit Popo est bâti sur une langue de terre si
étroite, que l'eau est saumâtre partout: il faut l'aller chercher au
delà de la lagune. A l'ouest de Petit Popo la lagune communique avec la mer par une bouche que les habitants ouvrent quand
les eaux de la lagune sont hautes, et qu'ils ferment quand elles
sont basses, pour permettre à la navigation intérieure de se faire
pendant toute l'année. *Gridji* est une petite ville de 2,000 âmes,
à 3 ou 4 heures de Petit Popo et à 1 kilomètre au nord de la lagune. Cette ville, qui ne contient pas d'Européens, est tous les
deux jours le siége d'un marché important. *Ayoué* ou *Ayigo*, la

plus grande ville du pays, renferme de 5 à 6,000 habitants. Elle est à 7 kilomètres et demi de Petit Popo ; ville bien située, bâtie entre la mer et la lagune, et possédant d'excellentes eaux. Le gouvernement est entre les mains d'un cabécère et d'un sous-cabécère. Toutes les grandes affaires se traitent devant le peuple assemblé sur la place publique. L'auteur raconte en détail la visite qu'il fit à S. M. Attanli, roi d'Ayoué, en compagnie du Père Ménager, missionnaire, et d'un interprète d'origine portugaise. Je transcris textuellement la relation de cette entrevue :

« Sa Majesté nous fit dire qu'elle était au bain et nous fit prier
« d'attendre quelques instants dans la cour d'honneur. Cette
« prétendue cour d'honneur était tellement sale qu'elle exhalait
« une odeur repoussante. Le sol était jonché d'amandes de palme
« dont l'aigre parfum annonçait l'âge avancé ; de l'huile de
« palme répandue çà et là donnait au sable un aspect graisseux
« qui était loin d'être agréable à la vue, et surtout à l'odorat ;
« dans les coins et un peu partout se rencontraient des caisses
« brisées, des paniers aplatis, des tonneaux défoncés : car il faut
« dire que la dignité royale n'empêche pas Sa Majesté de faire
« le commerce comme le plus humble de ses sujets, et que le roi
« est même un des premiers négociants du pays. Dans un en-
« droit reculé gisait un pauvre esclave, maigre et souffreteux,
« attaché par le cou à une lourde chaîne ; il était condamné
« pour avoir tenté de s'enfuir. En attendant l'arrivée du monar-
« que, nous eûmes l'indiscrétion de pénétrer dans la salle des
« trônes. C'est un appartement de 30 à 40 mètres carrés environ,
« au fond duquel se trouvaient une dizaine d'escabeaux recou-
« verts d'une étoffe jadis blanche et bordée de rouge. Ce sont les
« trônes des anciens rois, qui sont conservés là comme des re-
« liques sacrées. Dans un coin de la chambre s'élève un monceau
« d'ossements : ce sont ceux des victimes (peut-être humaines)
« qui ont été immolées sur la tombe de chacun de ces potentats.
« Au plafond est suspendu un immense parasol, de 13 à 16 mètres
« de circonférence. Le monarque préside les assemblées popu-
« laires sur la place publique, à l'ombre de cet appareil. C'est
« dans la salle des trônes, paraît-il, que le Conseil des ministres
« traite les graves questions politiques.

« Enfin, on nous fait dire que le roi va nous recevoir. On ap-
« porte des bancs et des chaises boiteuses qu'on aligne d'un côté
« de la cour, et au milieu d'elles on place un fauteuil en
« paille.

« Attanli fait son entrée, majestueusement drapé dans un
« pagne et la tête recouvertes de trois couronnes, c'est-à-dire du
« fameux bonnet à rubans tuyautés, dont le dernier lui tombe
« sur les yeux. Ce couvre-chef, m'a-t-on dit, ne doit jamais
« quitter sa tête auguste. Il est si ridicule sous cet accoutrement,
« qu'on a de la peine à conserver son sérieux. Il nous serre les
« mains en faisant claquer deux fois ses doigts contre les nôtres
« suivant l'usage du pays, puis nous fait signe de nous asseoir.
« Nous prenons les bancs et les chaises, et lui s'installe dans le
« fauteuil. La conversation s'engage entre lui et Bénigne. Bien-
« tôt il appelle ses *molèques*, domestiques (mot portugais). Deux
« femmes apparaissent et se prosternent devant lui : sur un
« signe du roi, elles sortent et reviennent bientôt portant une
« table garnie de bouteilles de tafia et de limonade. Le roi
« verse à boire et, ayant le premier trempé ses lèvres dans sa
« coupe, nous engage à nous désaltérer. Suivant l'usage du pays,
« il vient ainsi de montrer à ses hôtes que le breuvage n'est pas
« empoisonné.

« Au bout de quelques instants, le roi nous salue et nous nous
« retirons. »

Agoué possède une mission catholique, dirigée par deux prêtres
français des Missions Africaines ; deux écoles, l'une de filles,
l'autre de garçons, sont fréquentées par près d'une centaine d'é-
lèves. On y enseigne la langue portugaise, idiome européen le
plus répandu dans le pays.

D'autres villes moins importantes et plusieurs villages sont
cités et décrits rapidement, entre autres *Abananquem* ou la *Barran-
quère*, de 2,000 habitants, qui renferme les deux factoreries françaises de Cyprien Fabre et de Régis aîné. Ce qu'on appelle *Grand
Popo*, à 4 kilomètres d'Abananquem, n'est pas une ville, mais
une réunion de villages semés sur les îles et la plage de la lagune. La *Bouche-du-Roi*, canal faisant communiquer la lagune
et la mer, est à l'est du Grand-Popo. La teinte grisâtre de l'eau

se continue souvent jusqu'à trois milles du rivage, et sert de point de repère pour la navigation. L'*Hamelin* se trouvant un jour au point de jonction de ces deux eaux, M. Féris fit prendre en même temps à tribord de l'eau grise et à babord de l'eau bleue. L'aréomètre marquait 17 degrés dans la première et 33 dans la seconde. La température était 25° des deux côtés. L'eau grise était chargée de sable, l'eau azurée, très-limpide.

La Bouche-du-Roi change fréquemment de place, souvent même elle est ouverte artificiellement par les indigènes.

On trouve peu de bœufs à Grand Popo, à cause, dit-on, de la présence d'énormes serpents; mais on y trouve facilement des porcs, des moutons, des poules, etc.

La population de Grand Popo et d'Abananquem se compose en très-grande partie de Dahomiens ayant fui le despotisme royal.

A 3 milles à l'ouest est le mont Pulloy, grand bouquet d'arbres regardé comme la limite du royaume de Dahomey.

ROYAUME DE DAHOMEY

Si l'on demande à un habitant du Dahomey quel est le plus grand royaume de la terre, il répondra sans hésitation : C'est le royaume de Dahomey. Ce pays est en effet très-étendu, si on le compare aux principautés voisines, mais sa population diminue à cause de la tyrannie et de la cruauté de ses chefs. On peut le considérer comme s'étendant sur le rivage, depuis le mont Pulloy jusqu'à dix milles environ au delà de Godomey. A l'ouest, il touche au royaume des Ashantis; à l'est, à celui d'Abéokouta. La frontière septentrionale est inconnue, elle est probablement au pied des monts de Kong, par le 8° de latitude. Points principaux de l'ouest à l'est : *Kotonou* et *Whydah*. Les villes commerçantes de l'intérieur sont *Godomey* et *Abomey-Calavi*, qu'il ne faut pas confondre avec *Abomey*, capitale du royaume et résidence du roi. *Whydah* est la ville la plus importante ; sa barre est pourtant la plus mauvaise de la côte. Les requins y abondent, et malheur au pauvre nègre qui tombe à l'eau sur ce rivage dangereux. La plage n'est occupée que par les magasins des maisons de commerce européennes, dont trois françaises, une anglaise et une portugaise. Par ordre du roi, les agents de ces factoreries rentrent en ville avant le coucher du soleil, les magasins sont gardés la nuit par des nègres. La ville proprement dite est à 4 kilomètres de la plage. Pour y arriver du rivage, il faut traverser la lagune située à environ 300 mètres de la mer; elle a, au point où on la traverse, 250 mètres de large. Whydah compte 20,000 habitants disséminés sur une étendue considérable dans de petites cases, réunies au nombre de trois ou quatre.

Quelques maisons habitées par les blancs, se distinguent par leur aspect européen. On voit aussi les restes d'anciens forts, le français, l'anglais et le portugais, bâtis au moment où florissait la traite des nègres. Le mieux conservé est le fort français, cédé en 1842 à la maison Régis, à la condition qu'il serait entretenu. On trouve aussi les ruines d'une mission française, fondée en 1861, et qui fut obligée de se retirer, par suite des vexations que lui faisaient subir les autorités du pays.

Godomey, 1,500 habitants, à 8 kilomètres de la plage, dont il est séparé par un vaste marais, constamment couvert d'eau, excepté dans la saison de l'harmattan. Il possède une factorerie Régis.

Abomey-Calavi, à 19 kilomètres de Godomey, *Kotonou* ou *Appi,* à 20 milles de Whydah, est en même temps le port d'Abomey-Calavi et de Porto-Novo : trois factoreries françaises. La plage de Kotono a été cédée à la France en 1868, par un traité avec le roi de Dahomey. Les Français ne firent jamais acte d'occupation, mais, en 1878, un nouveau traité a renouvelé nos droits de possession, en stipulant de plus que la France aurait toujours dans le Dahomey le traitement de la nation la plus favorisée

Abomey, la capitale, peuplée, dit-on, de 9 à 10,000 habitants, dont pas un Européen, est relié au rivage par deux routes. La première, partant de Whydah, passe par Lavi, Toli, Alladah, Akpoué, le marais de Toffo, Aglimé, et enfin Kana, la ville de plaisance du roi. Le marais de Toffo, très-étendu, offre un passage dangereux en toute saison et constituerait un formidable obstacle à la marche d'une armée. La seconde route est très-peu connue; elle est l'objet des recherches des Anglais. Abomey est à 120 kilomètres de la mer, sur une petite colline présentant un escarpement rapide presque de tous les côtés.

Le *royaume de Porto-Novo* faisait jadis partie du Dahomey, dont le roi se considère comme le suzerain de ce pays. Les deux familles ont, du reste, des liens de parenté. Au temps de la traite, les Français avaient à Porto-Novo un poste dépendant du fort de Whydah. Plus tard, tout ce territoire fut sous notre protectorat, jusqu'en 1864. La capitale, Porto-Novo, est située sur la rive nord du lac de ce nom et communique, par la lagune, d'un côté avec le lac Denham et de l'autre avec Lagos. Elle n'est qu'à 14 kilomètres de la mer ; population, 20,000 âmes. Il possède cinq maisons françaises, quelques commerçants brésiliens et portugais, et une mission française très-prospère. Le roi actuel se nomme *Coffah*. En 1852, les Anglais firent, avec son père, un traité consacrant l'abolition des sacrifices humains, ce qui n'a pas empéché, en 1875, une épouvantable boucherie humaine, à propos de la célébration des funérailles des quatre derniers rois de Porto-Novo.

Colonie de Lagos. N'appartient aux Anglais que depuis dix-sept ans. Ils y entrèrent pour rétablir sur son trône le roi *Akitoye*, renversé par l'usurpateur Kosoko. Mais, après la mort d'Akitoye, ils détrônèrent son fils *Docémo* et s'emparèrent du pays sous le prétexte de réprimer la traite clandestine des noirs. Lagos, placé d'abord sous la juridiction du gouverneur de Sierra-Leone, forme depuis la guerre des Ashantis une colonie indépendante ; le siége de l'administration, fixé d'abord à *Cape Coast Castle*, est aujourd'hui transféré à *Accrah*. En 1863 l'Angleterre a agrandi cette colonie en se faisant céder plusieurs territoires, et la colonie de Lagos est ainsi bornée : au nord par les royaumes d'Abeokouta et d'Epé, à l'ouest par les pays d'Addo, de Pocrah, d'Okéodan et d'Igbessa, à l'est par le royaume de Jébon, au midi par la mer. Le chef-lieu est *Lagos*, en portugais *lacs* ; les naturels l'appellent *Eko*, mot qui est un souhait de bienvenue et signifie à peu près : *Comment vous portez-vous ?*

6° 28' de latitude nord et 1° 6' 38" de longitude est.

Placée à l'embouchure de la rivière Lagos, elle est entourée d'eau de tous les autres côtés par un lac et une lagune unissant le lac à la rivière. La rivière forme le port de la ville et peut admettre des navires d'un léger tirant d'eau (3ᵐ à 3ᵐ 50). A l'entrée de la rivière est une barre, souvent impraticable dans la saison des pluies. Quand une embarcation chavire, les hommes sont le plus souvent noyés ou saisis par les requins. Du temps de la traite, une seule embarcation sur six passait saine et sauve.

L'entrée de la rivière est balisée, mais il faut changer souvent le balisage. Lagos communique avec Porto-Novo par une lagune et avec Epé par un canal.

Population, 36,000 habitants dont 80 à 90 blancs. La colonie est dirigée par un lieutenant-gouverneur. Les troupes sont commandées par un capitaine anglais ; elles comprennent la *police civile*, comptant une centaine d'hommes presque tous indigènes, et la police armée, composée de plus de 300 hommes parmi lesquels un tambour-major, dix-sept musiciens et un personnel d'artillerie de 23 sous-officiers et soldats.

Cette ville fait un commerce considérable, dont les Français avaient presque le monopole avant l'occupation anglaise. Aujourd'hui le *négoce* de nos compatriotes est ralenti ; c'est cependant là que se trouve le siége principal des factoreries de la côte et que les compagnies Régis, Fabre, Daumas et Lartigue ont établi leurs maisons centrales. La ville compte de nombreux négociants anglais, plusieurs allemands, portugais ou brésiliens. En 1874 il est entré à Lagos 226 navires, dont 32 français ; il en est sorti 235, dont 30 français. La pêche est très-fructueuse : treize bancs d'huîtres sont exploités ; les pêcheurs sont quelquefois mangés par les requins.

Les missions françaises ont à Lagos leur maison-mère ; là est établi le vicariat apostolique de Bénin, avec une école de petites filles dirigée par des sœurs françaises. Les catholiques sont au nombre de 600, les protestants de 3,000, les mahométans de 10,000. Cette ville possède trois hôpitaux, dont le principal est l'hôpital colonial, très-bien organisé. Un hôpital spécial est consacré aux varioleux, dont le nombre va en diminuant grâce à celui des vaccinations qui va toujours en augmentant. Suit un tableau de la mortalité de Lagos chez les indigènes et les Européens, classée par mois ; c'est dans la période des cinq mois allant d'août à novembre, que la mortalité est à son minimum. Le chiffre le plus élevé est de 389 décès en janvier, le plus bas de 261 en septembre.

Le district occidental compte 7,800 habitants ; il renferme, outre *Badagry*, son chef-lieu, un grand nombre de villages de peu d'importance. Badagry était jadis une petite royauté indépendante et un des plus grands marchés d'esclaves de toute la côte de Guinée. C'est de là que partit en 1825 Clapperton pour l'intérieur de l'Afrique ; sa petite troupe fut presque détruite par les fièvres pernicieuses, et en 1827 Richard Lander revint à Badagry, seul survivant européen de cette malheureuse expédition. En 1830 les frères Lander partirent de ce point pour une nouvelle exploration. Badagry, situé sur la rive septentrionale de la lagune, à 1,500 mètres de la plage, possède plusieurs factoreries anglaises, une mission de la *Church missionary society*, une mission catholique, une petite garnison anglaise avec un gouverneur de district et un sous-collecteur de douanes.

Le *district oriental* renferme 4,000 âmes et comprend les grands villages de *Palma* et de *Léké.* Palma tire son nom des noix de palmes qui autrefois étaient en si grande abondance qu'elles couvraient presque complètement le sol. Elle possède des factoreries françaises, anglaises, allemandes et brésiliennes.

Le gouvernement anglais est représenté par le gouverneur du district, un sous-collecteur et quelques soldats nègres. Léké, village neuf à 12 milles de Palma, est en voie de croissance et de prospérité. Les maisons Fabre et Régis y ont établi deux comptoirs.

En 1874, il est entré à Palma et Léké 15 navires, dont 14 français. Cette statistique du mouvement des ports nous montre l'importance du commerce français sur cette côte. A partir de ce point et se dirigeant vers l'est, on trouve une population moins nombreuse, et la plage devient entièrement déserte au voisinage de la rivière de Bénin.

Quoique l'auteur ait pris la côte pour objet principal de son travail, il croit cependant ne pas devoir passer sous silence la nouvelle et florissante nation des *Egbas* ou *Abeokoutas,* ou encore *Nagos.* Ce peuple habite au nord du lac Ikiradou et se trouve à l'ouest voisin du Dahomey. Il appartient à la grande race des Ycroubas, qui formaient autrefois un royaume considérable. Ce pays avait été presque dépeuplé par la traite. La ville d'Abeokouta fut fondée au pied des rochers et entourée de fortifications par des hommes qui étaient parvenus à se soustraire à l'esclavage. Située sur le fleuve *Oyoun*, qui jusqu'à ce point est navigable (en pirogues), elle renferme, dit-on, 100,000 habitants. Les Egbas sont en guerre permanente avec le Dahomey et pourraient être pour les Anglais de précieux auxiliaires.

Un Yorouba, ancien esclave pourvu de quelque instruction, nommé *Samuel Browther*, vint se fixer à Abeokouta pour régénérer sa patrie. Il créa une Constitution avec un monarque guidé par les conseils d'un sénat ; il publia une grammaire et un dictionnaire yorouba et fit même paraître un journal mensuel en langue indigène.

Démographie. — Trois races principales peuplent la Côte des Esclaves : les *Minas*, venant de la Côte d'Or, se sont établis depuis le Volta jusqu'au delà d'Agoué ; entre le grand Popo et Lagos, ainsi que dans le Dahomey, vit celle des *Géjis* ; les *Yoroubas* ou *Egbas*, ou *Nagos*, habitent Lagos, Léké et Palma. La plus belle race est celle des Minas, avec une taille au-dessus de la moyenne et des traits presque réguliers.

Les Géjis, inférieurs sous ces deux rapports, sont cependant d'un assez beau type ; les Nagos ont de grandes ressemblances avec les Géjis ; ces deux races viennent, dit-on, du Niger. Tous ces hommes sont d'un caractère doux , mais les Minas ont une grande tendance au vol et pillent volontiers un navire jeté à la côte. Les habitants du Dahomey et de Porto-Novo aiment beaucoup les Européens et surtout les Français. Ils ne manquent presque jamais, en rencontrant un blanc, de se découvrir et d'incliner la tête en prononçant un compliment de bienvenue. On voit sur le littoral beaucoup de métis vêtus à l'européenne. Descendant la plupart de Portugais ou de Brésiliens, ils parlent tous le portugais. Les langues des naturels sont aussi variées que leurs races. Il n'existe que deux castes, les hommes libres et les esclaves. La richesse des indigènes se mesure au nombre de leurs esclaves. Ceux-ci, durement traités, cherchent souvent à s'échapper.

Quand un fugitif est repris, on rive à son cou un lourd collier de fer auquel est suspendu un énorme cadenas. La même

punition est infligée aux Minas et aux Kroumen qui, étant au
service des commerçants, *s'échappent avant la fin de leur engagement.*

Tout enfant né d'une esclave et de son maître est libre, les enfants d'esclaves restent dans la servitude. Le gouvernement de
Dahomey est despotique, dans la véritable acception du mot. Le
roi habite Abomey. Chaque ville est gouvernée par une espèce de
préfet nommé *Jevogan*, ayant sous ses ordres plusieurs cabeceiros.
Chaque cabécère juge en première instance, le condamné peut
en appeler au Javogan ; un grand personnage pourrait seul
recourir au jugement du roi. Les indigènes et même les Européens sont punis pour la moindre faute, et souvent d'après le bon
plaisir du gouverneur. Un fait de ce genre fut l'origine du blocus
imposé au Dahomey par l'Angleterre depuis le 1ᵉʳ juillet 76 jusqu'à la fin mai 77. Le roi use quelquefois de supercherie pour
prendre en défaut les Européens ; il envoie, par exemple, à Whydah une de ses femmes avec la mission de se laisser séduire par
un blanc. Si elle réussit, une amende de 6 à 7,000 francs est
imposée au malheureux Européen tombé dans le piége. La loi
est très-sévère pour les coups et blessures. Un blanc qui a blessé
un noir est frappé d'une amende de 10,000 francs. Dans toute la
Côte des Esclaves on emploie encore le poison d'épreuve, dont cependant l'usage est rare aujourd'hui. Ce poison, préparé par les
prêtres, porte le nom d'*eau fétiche*. Parmi les métis, on remarque
la nombreuse famille des Da Souza. Le chef de cette famille,
Francisque Dasouga, pauvre créole blanc, venu du Brésil en 1810,
pour faire le commerce des esclaves, arriva à une fortune considérable et mourut en 1849, laissant une centaine d'enfants issus
des trois cents femmes qu'il avait dans son harem. La plupart
de ces métis s'unirent entre eux, et la famille prospéra malgré la
consanguinité. Aujourd'hui le nombre des Dasouga s'élève à plus
de 200, tous commerçants et jouissant d'un certain bien-être. La
couleur de leur peau est de plus en plus foncée. Dans le Dahomey
et les Popos, les impôts consistent en présents faits au roi. Celui
d'Abomey envoie de temps en temps aux Européens une ambassade pour leur annoncer qu'il ne serait pas fâché de recevoir
une somme d'argent ou un objet quelconque. Aussi le palais du
roi est-il encombré d'objets de toute sorte, entassés pêle-mêle et

sans aucun soin. Outre cet impôt indirect, les Européens paient un tribut régulier. Ainsi, quand un navire arrive, une redevance est payée par la maison pour laquelle il a été frété. Mais ces contributions ne suffisent pas encore à l'entretien des nombreuses femmes du roi et au paiement de ses brillantes fêtes. Il envoie des émissaires qui réquisitionnent tous les objets matériels ou alimentaires dont le maître a besoin, et les paient à peine le centième de leur valeur. Quelquefois il dépouille entièrement un de ses sujets sans autre forme de procès. Toutes les fois que le roi envoie un *reéade*, il confie son bâton au premier messager. Ce bâton représente la personne même du monarque, et chacun est tenu de s'incliner devant lui. L'usage du bâton comme emblème de l'individu est général dans les Popos, à Lagos et dans le Dahomey. Le bâton porté par un tiers vient vous saluer chez vous. Les rues sont pleines d'esclaves portant la canne de leur maître pour indiquer qu'ils sont par lui chargés d'un message.

Du Volta au Bénin la principale, on peut dire la seule matière d'exportation, est l'huile et l'amande de palme. Le commerce du coton et de l'ivoire est presque insignifiant. La côte est parsemée de factoreries, dont les pavillons variés donnent au littoral un aspect très-pittoresque. Il y a une vingtaine d'années, la maison Régis aîné et C¹ᵉ de Marseille, fondée en 1842, avait presque le monopole de la Côte des Esclaves. D'autres maisons, françaises ou étrangères, se sont établies depuis, mais les Français font encore les deux tiers du commerce de cette région. Les principaux objets d'importation sont le tafia, les fusils à pierre, la poudre, le sel européen. Les transactions se font le plus souvent par échange, mais on se sert aussi comme monnaie d'un petit coquillage (cypræa moneta), qui est tiré de Zanzibar. Cette monnaie porte le nom de *cauris*. Les indigènes étant peu laborieux, les commerçants recrutent principalement leurs travailleurs parmi les *Kroumen* et les *Minas*, les premiers originaires du cap Palmas, les seconds venant de la Côte d'Or ou des Popos. Ces hommes forment les équipages des pirogues, qu'ils arrivent à conduire avec une très-grande habileté. Ils redoublent de vigilance quand un blanc est dans leur embarcation, car la loi leur fait payer de leur vie tout accident fatal à un Européen. Deux lignes de paquebots anglais suivent la côte deux fois par semaine, touchant à Lagos, Whydah, Petit Popo, Quittah, et en d'autres points, quand on leur fait un signal. Si le commerce est important, l'industrie est rudimentaire ; on ne trouve à noter que des poteries et quelques ouvrages en cuir du Dahomey. Les guerriers, armés de fusils à silex et de sabres, ont quelques vieux canons, dont il est douteux qu'ils sachent se servir.

La troupe d'élite est le bataillon des Amazones, formant la garde spéciale du roi ; elles paient de leur vie la perte de leur virginité. Quand le roi prépare une expédition, il envoie à tous les cabécères l'ordre de se rendre à Abomey avec un nombre d'hommes forcé. Mais les hommes libres s'exonèrent facilement du service militaire en faisant des présents aux cabécères et envoient à leur place les esclaves. En cas de guerre sérieuse, le contingent atteindrait à peine 5 ou 6,000 hommes. Une ou deux fois par an le roi de Dahomey fait une expédition, et avant son départ il reçoit les félicitations et les présents des maisons de commerce. La guerre se fait sans déclaration et de la manière la plus sauvage. Après la guerre les fêtes commencent à Abomey et durent plusieurs mois. Le roi invite et retient malgré eux des représentants des maisons européennes, qu'il oblige d'assister à d'horribles boucheries humaines. Les Anglais, par leur traité de 1877, se sont affranchis de cette triste obligation. Les Français n'auraient qu'à le demander pour être exemptés de cette sinistre corvée.

Les maisons sont construites en terre prise sur le sol lui-même ou dans le fond de la lagune. Elles sont couvertes de chaume ; celles des Européens sont crépies à la chaux : celle-ci est faite d'écailles d'huîtres calcinées. L'intérieur des habitations est très-humide et présente pour tout ameublement quelques nattes, des calebasses et un ou deux tabourets. Les plus riches maisons ont des couchettes en planches vermoulues. Le foyer est en dehors. Dans quelques-unes de ces demeures se trouve une meule pour broyer les grains de maïs. Le pagne serré autour des reins est le seul vêtement indigène, le pagne bleu-indigo est un signe de deuil. Les femmes portent des vêtements et des anneaux d'argent.

Les noirs, et surtout les femmes, aiment beaucoup la parfumerie. Outre les produits européens, employés à profusion, ils fabriquent un cosmétique nommé *atiké*.

La base de la nourriture est le maïs. La locomotion a lieu sur l'eau au moyen de pirogues faites d'une seule pièce, et sur terre au moyen de hamacs qui sont portés par 2 ou 4 hommes.

Vie sociale. — Les cérémonies de la naissance ont lieu 8 jours après la venue au monde de l'enfant; on lui fait des ablutions d'eau froide, et on lui donne un nom dépendant le plus souvent du jour de la semaine ou du nombre d'accouchements de sa mère. La famille et les amis boivent et se réjouissent. Pendant 6 mois l'enfant prend le lait de sa mère et des décoctions diverses, le sel est complétement interdit. A 6 mois, nouvelles cérémonies pour donner à l'enfant son premier aliment solide, qui se compose de pâte de maïs, d'huile de palmes, de crabes avec du sel; cette composition se nomme *botoli*, on en fait des boulettes qui sont introduites dans la bouche de l'enfant ; si celui-ci résiste, on lui jette de l'eau froide sur les pieds, et quand il crie, on lui passe dans la bouche les boulettes accompagnées d'un liquide ; on le lave ensuite à eau froide. Puis la mère le saisit par chaque membre et le secoue vivement ; elle le suspend par les pieds, le lance en l'air et le frictionne vigoureusement. Une femme devenue mère est envoyée pour trois ans dans les cultures ; pendant ce temps il lui est interdit par la religion d'habiter le même toit que son mari. Les couches gémellaires sont très-fréquentes. Quand un des jumeaux meurt, le survivant conserve une poupée en bois faite à son image, le plus souvent il la porte fixée derrière le dos. La circoncision est en usage chez les Géjis et les Nagos. La polygamie est permise, et tout homme a le droit d'avoir autant de femmes qu'il en peut nourrir. La jeune fille est achetée à son père au prix de divers objets valant sept ou huit piastres fortes, soit environ une centaine de francs. Le mari doit à sa femme le logement et la nourriture, laquelle revient à une piastre cauris (1 fr. 37) par semaine. Sur la côte, la présence des Européens a beaucoup diminué le respect qu'on porte à la femme, et surtout à la femme mariée, mais, dans l'intérieur, la loi contre l'adultère est très-sévère, l'homme pris en flagrant délit devient l'esclave de son rival. Les morts sont enterrés dans leur propre maison, hors les cas d'épidémie. Les veuves doivent rester six mois dans la chambre où leur mari est mort; pendant ce temps elles laissent pousser leurs cheveux et leurs ongles et ne changent jamais de vêtements. On leur apporte leur nourriture, à laquelle il est prescrit de mêler du charbon en poudre. Au bout de six mois, les parents du défunt leur donnent la *chicote* (fouet portugais), puis on leur lie les mains et on les renferme dans la chambre du défunt, dans laquelle brûlent sur un fourneau des piments secs. La fumée qui s'en exhale provoque une toux suffocante et des douleurs atroces dans la poitrine. Quelques jours après elles vont se laver à la plage, se rasent les cheveux, se coupent les ongles, quittent leurs pagnes et en prennent de neufs d'une couleur bleu foncé ; on leur fait ensuite un tatouage et, après un repas copieux, elles sont libres. Les hommes qui ont perdu leur première femme restent huit jours fermés et couchés sur une natte ; au bout de ce temps ils se baignent, brûlent leurs vieux habits, leurs cheveux et leurs ongles, et se font tatouer comme les veuves.

Religion. La liberté des cultes est complète, les chrétiens, catholiques et protestants, et les musulmans sont nombreux. La religion du pays s'appelle le *fétichisme*. L'existence d'un Dieu est admise ; mais comme ce Dieu est très-bon, il n'est pas nécessaire de lui adresser des prières. En revanche, les indigènes élèvent des autels à beaucoup d'esprits malfaisants. Ces mauvaises divinités, leurs petits temples, leurs amulettes portent le nom de *fétiches* ; leurs prêtres sont appelés *féticheurs,* et sont dirigés par le *grand féticheur,* qui habite Abomey. Il y a aussi des féticheuses, qui sont en grand nombre dans les Popos. A la porte de toutes les maisons se trouvent des fétiches de diverse nature ; sur la plage de nombreux fétiches sont destinés à garantir les indigènes des atteintes des requins. Le tonnerre, qui fait de nombreuses victimes, est aussi l'objet d'un culte. Enfin à Whydah se rencontre le temple des serpents, pour lesquels les naturels ont une vénération particulière.

Un dernier chapitre est consacré à la *pathologie.* La statistique des décès n'existe que dans la colonie anglaise de Lagos. Les

blancs ont fourni en six ans quarante-six décès, chiffre considérable pour une population qui en moyenne ne dépasse pas quatre-
vingts. La saison la plus malsaine est la fin de la grande saison
des pluies et la petite saison sèche, juillet, août et septembre. La
grande saison sèche, qui fait périr des végétaux et même des animaux, est saine pour les Européens qui habitent le pays, malsaine
au contraire pour les navires au mouillage, lesquels, au lieu de recevoir une brise de sud-ouest très-salubre, venant du large, reçoivent au contraire un vent leur apportant des émanations tellu-
riques. C'est donc l'affection paludéenne qui domine la pathologie
de toute cette côte. L'auteur cite M. Fonssagrives qui, naviguant
à bord de l'*Abeille* dans le golfe de Bénin, a vu 10 hommes sur
114 prendre la fièvre parce que le navire avait reçu pendant dix
minutes une brise de terre-chargée d'émanations agréables. La
conformation du sol explique ces influences ; le terrain est bas et
la stagnation des eaux, complète ; de plus, il y a de nombreux
mélanges d'eaux douces et d'eaux salées, conditions très-favora-
bles à la production du miasme fébrigène. Les maladies des orga-
nes digestifs, telles que l'hépatite ou inflammation du foie et la
dysenterie, sont très-fréquentes. La chaleur exerce sur les blancs
une action débilitante, qui les rend tous plus ou moins anémiques
au bout d'un certain temps. L'humidité produit de fréquents rhu-
matismes. Les insolations sont graves et nombreuses. La petite
vérole exerce souvent de grands ravages parmi les indigènes.

Le *dragonneau* ou filaire de Médine, appelé aussi *ver de Guinée*,
attaque au moins la moitié des indigènes. On le rencontre sur
toutes les régions du corps, mais surtout aux jambes. La présence de ce parasite dans les tissus, cause de vives souffrances
et amène souvent des gangrènes. Les blancs sont moins souvent
que les noirs victimes de ce terrible ver. Les maladies de la peau
sont très-fréquentes, je passe sur leur énumération. Les noirs ont
des médecins indigènes de deux espèces : les médecins des liqui-
des, qui ne prescrivent que des boissons, et les médecins des solides,
qui prescrivent des substances massives. L'administration des re-
mèdes est toujours accompagnée de cérémonies de fétichisme.

J'ai essayé de vous faire comprendre dans cette analyse tout
ce que renferme d'intéressant le travail de M. Féris. Ce savant,

déjà connu par d'autres études et, entre autres, par d'excellentes recherches sur le Daltonisme, a conquis un rang distingué dans le corps de la médecine navale française, et notre Société ne pourra que s'applaudir de compter parmi ses membres, un homme d'un mérite aussi éminent. J'ai donc l'honneur de vous proposer d'offrir à M. le docteur Féris, le titre de membre correspondant de la Société de géographie de Lyon.

QUATRE ANNÉES

AU DAHOMEY

Journal d'un Missionnaire

Par le Docteur E. CHAPPET

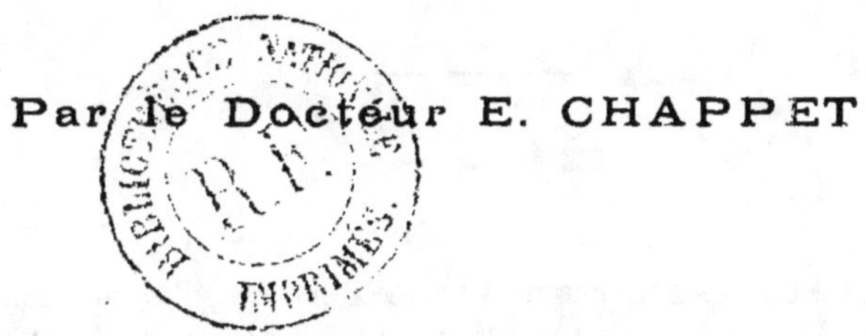

(Extrait du *Bulletin de la Société de Géographie de Lyon*, t. IV).

IMPRIMERIE GÉNÉRALE DE LYON
30, RUE CONDÉ, 30

1881

QUATRE ANNÉES AU DAHOMEY

Journal d'un Missionnaire

Par le Docteur E. CHAPPET

Dans une de nos séances de l'année dernière, j'ai eu l'honneur de vous rendre compte d'une belle et savante étude sur la Côte des Esclaves, due à un des plus éminents médecins de notre marine militaire, M. le docteur Féris.

Aujourd'hui j'ai à vous entretenir du même pays étudié au point de vue moins scientifique, mais non moins digne d'exciter votre intérêt. En l'année 1860 un pieux et vaillant Italien, le Père Borghero, des Missions-Africaines, quittait l'Europe avec deux zélés compagnons, pour aller jeter sur les terres du Dahomey les premières semences du christianisme et de la civilisation. Le journal de cette mission comprend une période de quatre années, de la fin de 1860 à la fin de 1864. Il nous fait assister pour ainsi dire jour par jour aux travaux, aux épreuves, aux joies et aux douleurs de ces courageux apôtres, depuis leur départ jusqu'au moment où le narrateur, ayant dignement atteint son but et considérant sa tâche comme accomplie, laissait à ses successeurs le soin de continuer son œuvre et retournait en Europe rétablir sa santé délabrée par le climat meurtrier de l'Afrique tropicale. Ses premiers collaborateurs et ceux qui sont venus ensuite le rejoindre, payèrent un large tribut à la maladie et à la mort. L'un d'eux, avant d'être arrivé, succombait à une insolation. Et parmi ceux qui se succédèrent pendant quatre ans dans l'accomplissement de ces difficiles labeurs, plusieurs devaient encore tomber victimes de leur zèle trop souvent imprudent pour le bien, et des épreuves incessantes qu'ils avaient à subir. Fatigues, dangers, privations, maladies, tempêtes, incendies, aucune peine, aucune misère ne leur furent épargnées. Mais l'énergie de ces hommes dominés par l'idée d'un grand devoir se maintint toujours sans défaillance, et les uns jusqu'à leur mort, les autres jusqu'à ce que leur santé compromise les forçât à rentrer en Europe, tous se montrèrent dignes continuateurs de tous ceux qui les avaient précédés dans cette carrière de sacrifice et de dévouement.

J'entre maintenant dans l'analyse du travail dont je vais m'efforcer de vous donner une idée nette et de vous faire connaître l'ensemble en insistant sur les points les plus importants.

L'auteur fait précéder le journal de son voyage et de son séjour au Dahomey par quelques considérations préliminaires sur les qualités et les connaissances que doit réunir un bon missionnaire. Voici ce qu'il écrit à ce sujet :

« Un missionnaire doit avoir avant tout l'esprit des apôtres,
« l'amour de Notre-Seigneur Jésus-Christ à un degré héroïque
« et le désir ardent de propager l'Église parmi tous les peuples.
« C'est là son patrimoine principal ; mais pour bien l'employer
« au milieu des peuples barbares il a besoin encore de ces moyens
« humains qui tiennent à la vie extérieure. En conséquence,
« outre les études sacrées propres à l'état ecclésiastique, le mis-
« sionnaire, lancé au milieu des peuplades éloignées encore plus
« moralement que physiquement de toute civilisation, se trouve
« dans la nécessité de connaître encore un certain nombre de
« langues, de posséder les notions élémentaires de l'astronomie,
« de la géographie, de l'architecture, de la médecine, de la petite
« chirurgie et de l'agriculture, et même de savoir se servir de ses
« mains pour être au besoin menuisier, forgeron et tailleur ;
« sans compter qu'il a besoin plus que personne d'être durci à
« la fatigue des marches à pied, et de savoir trouver sa nourriture
« dans les choses les plus simples, se contenter de peu, pouvoir
« dormir sur la dure et à ciel ouvert quand les circonstances
« l'exigent. »

La suite nous montrera que le Père Borghero réunissait au

plus haut degré toutes les conditions qu'il énumère, jointes à une intelligence élevée et à une grande force de caractère.

Le 29 décembre 1860 notre digne prêtre quittait Lyon en qualité de supérieur de la mission à fonder et ayant sous ses ordres MM. François Fernandez, Espagnol, et Louis Edde, Français. Le Révérend Père Planque, directeur des Missions-Africaines, les accompagna jusqu'à Toulon, où ils s'embarquèrent le 5 janvier 1861 sur l'*Amazone*, navire de guerre français.

Outre son équipage et ses passagers, ce bâtiment portait 400 forçats envoyés à Cayenne et 200 hommes d'un bataillon de discipline envoyés au Sénégal. Un dimanche, après la revue de tous les militaires qui étaient à bord, le commandant, montrant ses hommes aux missionnaires, leur dit avec le ton de la plus profonde tristesse : « Voyez cette belle jeunesse rangée ; si je vous « disais que dans six mois il n'en restera plus que la moitié, et « que dans un an presque tous auront disparu ! »

Je passe sur la relation de la traversée : les voyageurs quittent à Gorée l'*Amazone* et s'embarquent sur le d'*Estaing*, autre bâtiment de guerre français qui doit les conduire d'abord à Sierra-Leone et ensuite à Whydah, but de leur traversée. Mais l'un des trois voyageurs ne devait pas voir cette terre tant désirée ; quelques jours après l'arrivée du navire à Sierra-Leone, M. Edde, déjà souffrant à son départ de France, succombait le 9 avril, et son corps allait reposer dans le cimetière de cette ville anglaise à côté de ceux de Mgr de Brésillac et des autres missionnaires catholiques, tous frappés par la fièvre jaune en 1859. Enfin, le 18 avril 1861, les deux survivants arrivent en face de la plage de Whydah, dépendant du royaume de Dahomey. Je dis la plage, car, comme vous le savez, il n'y a pas de ports sur ces côtes plates et sablonneuses. Il est toujours difficile et souvent dangereux d'atterrir ou de s'embarquer dans ces régions, à cause de l'agitation constamment grande des vagues dans le voisinage de la terre. Les Français nomment *barre* le point où ce phénomène a son maximum d'intensité. La barre ne peut être franchie qu'avec des embarcations spéciales, montées par des noirs habitués à ces manœuvres périlleuses. M. Féris nous a appris que ces hommes sont punis de mort quand ils laissent chavirer leurs pirogues, et qu'en cas d'accident on court le double danger de se noyer et d'être dévoré par les requins, très-nombreux dans ces parages. Reçus à la factorerie de M. Régis, de Marseille, par son directeur, M. Lartigue, nos voyageurs vont, le lendemain de leur arrivée, faire une visite au *Jevogan*, qui gouverne la ville de Whydah au nom du roi de Dahomey. Le capitaine du d'*Estaing*, qui les accompagnait, les présente au nom du gouvernement français, et les déclare placés sous la protection de la France. Ces messieurs prient le gouverneur d'envoyer tous leurs compliments au roi et reçoivent de ce fonctionnaire un bœuf, dont ils font hommage au capitaine. Les jours suivants, accompagnés de M. Lartigue, ils visitent les principaux négociants du pays, presque tous descendants de Brésiliens ou de Portugais.

L'accueil sympathique qu'ils reçoivent partout, les encourage et les fait bien augurer de l'avenir. Le dimanche suivant le Père Borghero fait l'ouverture de sa mission dans la chapelle délabrée du *Fort Portugais* et annonce la création du vicariat apostolique du Dahomey en vertu des pouvoirs qu'il a reçus de Rome. — Pour parler aux chrétiens, à défaut du portugais qu'il ne connaît pas encore, il se sert de la langue espagnole et parvient à se faire comprendre suffisamment. De toutes parts les missionnaires sont bien accueillis et félicités de leur arrivée. — Mais les difficultés de leur tâche en sont-elles moins grandes ? — On en jugera par la citation suivante :

« Nous sommes cependant très-peinés de voir que ces Portu-
« gais, noirs ou blancs, qui se disent chrétiens, vivent exacte-
« ment comme des païens pour la plupart. Les blancs du Portu-
« gal ainsi que tous les autres Européens sont polygames; leurs
« descendants, devenus presque noirs, ont pour religion un
« amalgame monstrueux de paganisme, de pratiques chrétien-
« nes et de superstitions fétichistes. Il y aura bien des ronces et
« des mauvaises herbes à déraciner dans ces champs avant
« qu'on puisse y faire germer le bon grain. »

Le 6 mai la mission quitte la factorerie française et s'installe, avec la permission des autorités, dans le Fort Portugais, vieux bâtiment délabré et depuis longtemps inhabité, mais qui, dans l'opinion des noirs, doit être le siège de la religion des blancs. Mais à peine établis dans cette maison sans portes et sans vitres aux fenêtres et couverte par une toiture de paille nos deux pauvres Européens paient un premier tribut au climat, si malsain de ce terrible pays. Et c'est à la fin de juillet, après deux mois et demi d'une fièvre qui les a mis l'un et l'autre aux portes du tombeau, qu'ils peuvent reprendre leurs occupations. Pendant cette triste période les réparations indispensables ont été faites à leur demeure, où ils finissent par être installés passablement. Le Fort possède 40 pièces de canon en fer, toutes démontées et enterrées çà et là. Douze de ces pièces sont disposées hors de l'enceinte, pour être en état de tirer des salves d'artillerie qui sont très-appréciées dans le pays.

Voilà donc les missionnaires installés et prêts à commencer leurs travaux. Ils comprennent bientôt qu'ils ne pourront pas obtenir de succès sérieux avant d'être entrés plus avant dans la confiance de la population par une visite au roi dans sa capitale. Mais, en attendant, ils commencent à donner des soins aux malades et surtout à panser les hideux ulcères dont sont affectés un grand nombre des malheureux indigènes. En même temps, ils ouvrent pour les enfants un cours d'instruction religieuse en langue portugaise.

Le 26 septembre, ils sont agréablement surpris par l'arrivée d'un nouveau compagnon, M. Laffitte. Ce renfort vient d'autant plus à propos que M. Fernandez, épuisé par la maladie, est décidé à rentrer en Europe. Mais la barque sur laquelle il devait passer la barre pour rejoindre un navire portugais en partance ayant chaviré, le pauvre prêtre fut repoussé par les vagues jusqu'au rivage, où on le recueillit presque mort. Ayant repris sa connaissance, il déclara que cet accident, arrivé par la volonté de Dieu, lui faisait un devoir de point repartir et de rester à son poste jusqu'à la mort.

J'arrive au voyage du Père Borghero à Abomey, capitale du royaume et résidence du souverain. La description de cette ville ayant été faite par plusieurs voyageurs, je serai sobre de détails sur le récit, très-intéressant toutefois, de notre courageux missionnaire. Mais ce qui constitue entre cette visite et celles des autres Européens, même les plus élevés en distinction, une différence capitale, c'est que ces derniers avaient toujours été obligés d'assister à des sacrifices humains et de figurer dans ces horribles cérémonies en tenant à la main le drapeau de leur nation. Sollicité par le roi à aller lui faire une visite solennelle, le digne religieux accepta sous la condition qu'aucun sacrifice humain ne serait accompli sous ses yeux, et qu'il n'assisterait à aucune

cérémonie du culte dahoméen. Les ambassadeurs qui lui avaient
apporté solennellement le bâton royal et l'invitation à se rendre
à Abomey (nous avons déjà appris par M. Féris quel rôle joue
le bâton dans la civilité de ces pays), avaient reçu l'ordre
d'aplanir toutes les difficultés. La citation suivante nous fait
connaître leur réponse : « Le prince *Tchitado* et les ambassa-
« deurs présents nous ont répondu en nous assurant que nous
« n'aurions à nous plaindre de rien ; que la plus complète liberté
« nous serait accordée ; que le roi était homme d'assez haute
« intelligence pour distinguer entre les prêtres blancs et les négo-
« ciants ou les mandataires des gouvernements de l'Europe ;
« que le roi comprenait très-bien que nous ne pouvions prendre
« aucune part à ces choses ; qu'il avait déjà assez clairement
« témoigné son estime pour notre religion du moment qu'il nous
« avait, à plusieurs reprises, fait demander de prier pour lui et
« envoyé de l'huile de palme pour l'église ; que notre visite nous
« profiterait grandement, puisque le roi voulait faire savoir à
« tous ses sujets que nous étions ses amis. » Pour diminuer les
frais du voyage, le roi consentait aussi à accorder tous les por-
teurs nécessaires au transport des bagages. Les choses étant ainsi
réglées et les préparatifs terminés, le cortége partit le 22 novembre 1861, à quatre heures du matin, ayant à sa tête l'ambassa-
deur porteur du bâton royal et deux officiers. Sur son chemin,
la caravane rencontra plusieurs fois des troupes de femmes qui,
pour faire honneur au blanc, se livrèrent à des danses très-ani-
mées, accompagnées de chants dont le refrain souvent répété
pouvait se traduire ainsi : « Nous faisons honneur au blanc qui
« va trouver le roi ; il vient des terres lointaines ; il est venu
« dans le pays des noirs pour nous enseigner à marcher droit. »
Une fois la lagune traversée, le pays se couvre de hauts
palmiers, de bombax gigantesques et d'autres arbres magnifiques, reliés par d'immenses lianes. La forêt présente de temps en
temps des éclaircies assez grandes pour contenir des villages
très-peuplés. Un peu plus loin se rencontre le marais de *Lama*,
dont la traversée fut très-pénible pour notre pauvre voyageur,
exposé à la fois aux ardeurs d'un soleil brûlant et aux émanations paludéennes. A un moment donné il perdit complètement
connaissance dans son hamac, et ne revint à lui qu'au bout d'une
heure. Deux jours après de nouveaux malaises le forcent de s'ar-

rêter dans la petite ville de *Canna*, située à 10 ou 12 kilomètres d'Abomey. Le surlendemain il recevait une nouvelle ambassade du roi pour renouveler l'invitation à venir dans la capitale, et à y faire une entrée solennelle selon les attributions de sa qualité de *prêtre des blancs*. Il pose alors les conditions suivantes :

1° Qu'il ne serait forcé à aucun acte qui fût contraire à ses croyances religieuses ;

2° Que, dans tout le parcours de son entrée solennelle et dans les parties du palais où il serait reçu, il ne serait exposé à voir aucune idole, ni aucun autre objet de superstition ;

3° Qu'il n'assisterait à aucune cérémonie dans laquelle serait sacrifiée la vie de quelqu'un et que personne ne serait tué en son honneur ;

4° Que, dans les cérémonies de la réception, il ne rendrait aucun honneur aux femmes du roi, à l'exception de la première d'entre elles ;

5° Que par respect pour les habits sacrés, il n'offrirait et n'accepterait de personne l'eau-de-vie, sans laquelle on ne fait dans ce pays aucun compliment.

Toutes ces conditions furent acceptées au nom du souverain par les ambassadeurs, et nous pouvons dire qu'elles furent scrupuleusement observées. Les choses étant ainsi réglées, le Père Borghero fit son entrée solennelle dans la ville le 29 novembre 1861. Il était revêtu pour cette circonstance d'une chape brodée en or, que les religieuses Ursulines de Saint-Irénée près Lyon avaient offerte à Mgr de Brésillac et que celui-ci n'avait jamais portée. Le prêtre était escorté de plusieurs chrétiens, revêtus pour cette occasion de costumes ecclésiastiques. La réception fut très-solennelle ; tous les chefs civils et militaires vinrent faire leurs compliments ; l'armée entière défila devant le prêtre des blancs en chantant, dansant et déchargeant les fusils. Puis les visiteurs, précédés ou suivis de tout ce cortége et d'une foule considérable d'indigènes, se dirigèrent vers le palais du roi. La conversation avec le roi de Dahomey n'est jamais directe, elle doit se faire par interprète, même si le blanc connaît la langue des indigènes. Le missionnaire parlait en portugais à l'interprète, qui traduisait ses paroles à un haut fonctionnaire appelé le *méhan*, lequel les transmettait au roi. De cette manière rien de désagréable ne pouvait parvenir aux oreilles royales, l'interprète

d'abord, le méhan ensuite ayant reçu une défense expresse de
dire au roi des choses que celui-ci n'aimerait pas à entendre.
Malgré son désir de faire des observations sur les guerres, l'esclavage et les sacrifices humains, le digne prêtre fut obligé de
passer toutes ces questions sous silence, l'interprète lui ayant
déclaré qu'il ne pouvait faire aucune communication de ce genre
sans risquer sa tête. Il se borna donc à exposer les raisons de
sa mission. Le roi fit une réponse dont voici le sens : *Je suis très-
content d'avoir dans mon royaume des blancs qui, lc:n de s'être rendus au
Dahomey pour faire fortune, ont quitté tout ce qu'ils ont de plus cher dans
leur patrie pour venir redresser ce qui est tordu, enseigner aux hommes
la parole de Dieu et les instruire dans leur ignorance.* Le roi affectait
de croire que la mission avait été envoyée par le gouvernement
français pour lui faire honneur; le Père s'efforça de lui faire
comprendre cette mission n'avait rien de politique, qu'il était
envoyé non par l'empereur des Français, mais par le Souverain
Pontife, le grand-prêtre de tous les chrétiens, pour annoncer la
parole de Dieu et faire comprendre que, blancs ou noirs, tous
les hommes sont frères devant lui. Après la conversation, le roi
présenta à son hôte les principaux fonctionnaires du pays et
entre autres deux femmes, l'une âgée et l'autre jeune, qui con-
duisaient l'armée des amazones et qui adressèrent au prêtre des
blancs des compliments très-bien tournés. Le lendemain cette
armée, composée de trois mille personnes, exécuta de grandes
manœuvres et fit le simulacre d'un assaut en gravissant des
talus couverts de buissons épineux, qui blessaient cruellement
les jambes nues de ces intrépides guerrières, sans qu'aucune
d'elles donnât le moindre signe de souffrance.

Je n'entrerai pas dans de trop grands détails sur le séjour assez
long du missionnaire et de ses compagnons dans la capitale du
Dahomey. Ce n'était pas seulement pour faire au roi une visite
de cérémonie qu'il avait entrepris ce pénible voyage; c'était surtout pour obtenir des autorités du pays les libertés nécessaires
pour pouvoir y fonder un établissement durable et y travailler en
toute sécurité à la gloire de Dieu et à la civilisation chrétienne.
Il est dans les usages du pays de faire attendre un certain temps
tous les étrangers, même les plus hauts représentants des puissances européennes, avant de leur accorder les audiences dans
lesquelles les affaires doivent être discutées. Cette attente ne fut

pas épargnée à notre voyageur, non plus que des contrariétés
diverses suscitées par les agents du gouvernement. Ainsi, pour
obéir à l'étiquette, il devait rester enfermé dans le local qui lui
était assigné pour résidence, et ce ne fut pas sans peine qu'il
obtint, par dérogation à cet usage, la permission de sortir à certaines heures. Plusieurs fois dans ses promenades il acquit la
triste certitude et put se convaincre de ses propres yeux que si
on lui avait épargné la vue des sacrifices humains, les immolations atroces n'en étaient pas moins consommées pour servir de
préliminaire à une expédition que le roi préparait contre ses
voisins d'*Abeokouta*. De nouvelles difficultés surgirent au sujet
des présents que le missionnaire devait offrir au roi et que les
officiers de sa majesté, dans le but de se faire donner une part
de ses offrandes, déclarèrent non acceptables. Il s'agissait surtout d'étoffes de soie fabriquées à Lyon. Le Père Borghero les
renvoya et en fit apporter d'autres qui, malgré leur valeur infé-
rieure aux premières, furent parfaitement acceptées. La grande
audience était toujours retardée. Le pauvre missionnaire, arrivé à
Abomey le 29 novembre, voyait les semaines se passer sans résultat; les fatigues, la mauvaise nourriture, l'influence du climat avaient ramené la fièvre, qui pendant plusieurs jours le
cloua sur sa maigre couchette. Ses demandes restant sans résultat, il prit enfin le parti de faire dire au roi qu'à son grand
regret il se verrait forcé à un départ prochain, ses affaires le
rappelant impérieusement à son poste. Le roi consent alors à lui
accorder cette audience si longtemps ajournée. Elle eut lieu dans
la soirée du 16 janvier 1862, et se prolongea pendant trois heures. Le récit de cette longue conférence présente un vif intérêt.
Qu'il me soit permis de la résumer en quelques lignes.

« Le roi commença par dire que je devais l'excuser de m'avoir
fait attendre si longtemps, mais il avait été très-occupé. Ce soir,
dit-il, j'ai renvoyé exprès pour vous tous les cabécères que vous
avez vus, j'ai congédié tout le monde, en interrompant même les
discours commencés. Puis il se plaignit doucement de ce que j'avais
menacé de m'en aller sans attendre l'audience. A mon tour je lui
exposai mes excuses motivées. Puis je lui présentai son cousin
guéri. » (Cet homme, atteint de deux ulcères aux membres inférieurs, avait été confié par le roi au missionnaire pour être traité,
et celui-ci, par des pansements répétés, était parvenu à amener

une cicatrisation complète.) Après de vives félicitations sur ce succès, le roi passe à d'autres sujets d'entretien.

« Le roi sait en gros ce que nous sommes et connaît le genre de religion que nous professons ; mais il y a un point qu'il ne comprend pas et sur lequel il a de la peine à croire ce qu'il m'entend dire. C'est le célibat. Il me fait une foule de demandes assez étranges dont les réponses l'étonnent beaucoup. Pour finir de le convaincre, je demande à laisser parler *Amena*, gouverneur du quartier portugais de Whydah, qui a vu de près notre genre de vie, et le cousin du roi, qui rendent en notre faveur un témoignage éclatant. Alors le roi me dit : Je n'aurais jamais cru ce genre de vie possible ; je vous admire, mais je dois dire que nous ne serions pas capables de vous imiter. Je lui parlai de la prière, de la grâce de Dieu et de la crainte de l'offenser. Le roi ne parut guère comprendre ce langage. Il finit par me dire qu'il était très-content d'avoir dans son royaume des hommes comme nous. Je lui fis encore un court exposé de la nature de notre mission. Il m'assura qu'il comprenait très-bien que nous n'étions pas des négociants ni des aventuriers venus au Dahomey pour faire fortune et qu'il entendait nous exempter des impôts que doivent payer les autres blancs..... Puis il me répéta ce qu'il m'avait déjà dit, que nous pouvions rester au Dahomey en toute sûreté, et qu'il voulait être notre ami. Il nous permettait d'établir la mission à Whydah et même à Abomey, si nous le voulions. Quant à la liberté religieuse, il pouvait bien l'accorder aux individus d'origine étrangère, aux blancs et à leurs descendants, mais il ne pouvait pas permettre que les noirs de son royaume embrassassent le chritianisme, car autrement le royaume serait perdu. Il ajouta que notre maison et notre église de Whydah devaient être considérées comme sa propre maison, et que tout crime commis contre notre résidence par des voleurs, serait puni comme s'il s'était agi de la maison royale. En outre, des terres nous seraient accordées si nous en avions besoin pour passer quelque temps à la campagne. Toute liberté nous était donnée d'aller et de venir dans le royaume et en dehors de ses limites, sous la seule obligation d'en avertir le Jevogan à Whydah. De plus, nos effets et tout ce que nous recevrions d'Europe devait être exempté de toute visite et de tout droit de douane. »

L'audience se termina à une heure du matin, le 17 janvier

1862. Le roi reconduisit son hôte à une certaine distance, en le
tenant par la main. Le lendemain 18, le prince *Tchitado* venait de
la part du roi donner le congé et la permission de repartir. Le
départ eut lieu le 21 au soir, et le 24 avant la nuit le Père Borghero
rentrait à Whydah heureux d'avoir mené à bonne fin ce pénible
voyage, et de trouver deux nouveaux compagnons arrivés d'Europe pendant son absence, M. l'abbé Courdioux et M. Cloud, qui
n'était pas encore dans les ordres. La mission se trouvait ainsi
composée de cinq Européens, sans compter le mulâtre Joachin,
qui joignait aux fonctions de sacristain celle de professeur de la
plus petite classe. L'école fut ouverte le 10 février 1862 ; elle comp-
tait 40 élèves, presque tous descendants des anciens Portugais ou
de leurs esclaves, ou d'esclaves du Brésil libérés et revenus dans
leur pays. M. Cloud était chargé du soin des malades, qui se pré-
sentaient tous les jours en grand nombre.

Les limites que je dois imposer à cette analyse ne me permet-
tent pas de suivre dans tous leurs détails les événements nombreux relatés dans le journal de la mission. Je signalerai en peu
de mots les plus importants.

NOTES

6 *mars* 1862. — Départ pour Freetown, retour à Whydah le
30 mai.

Septembre 1862. — La mission rachète 15 esclaves et les prend
à son service. — Ils sont obligés au travail jusqu'à ce qu'ils
aient payé par leurs services le prix de leur rachat ; au bout de
ce temps ils doivent être libres de rester ou de partir.

Octobre. — Les nègres ont réussi à faire partir 95 esclaves en
trompant la surveillance de deux croiseurs, l'un français, l'autre
anglais. — Le commodore avait été informé que l'embarquement
devait se faire en rade de *Godomé*, et pendant ce temps on l'effec-
tuait à *Agoué*. — Quand l'officier anglais connut la vérité, il était
trop tard de quelques heures.

20 *novembre* 1862. — Cinq navires anglais viennent mouiller
devant Whydah. — Le lendemain l'amiral, M. Wilmott, descend

à terre pour préparer les voies à une ambassade solennelle au roi de la part du gouvernement anglais, dans le but d'obtenir la cessation des sacrifices humains et du commerce des esclaves. Le Père Borgero, étant à Freetown, avait eu connaissance de ce projet, et le gouverneur de cette colonie lui avait présenté un agent envoyé pour explorer la côte sous le nom de vice-consul d'Abeokouta. Le plan du gouvernement anglais était de s'emparer de tout le commerce de Lagos au Volta. Cet agent, qui avait navigué avec le missionnaire de Freetown à Lagos, avait longuement interrogé celui-ci et lui avait surtout posé deux questions : 1° Une ambassade anglaise pouvait-elle aller en sûreté à la côte du Dahomey ? — 2° Pouvait-elle obtenir que le roi renonçât aux sacrifices humains, au commerce des esclaves et aux guerres continuelles entreprises pour se les procurer ? — Le Père Borgero avait répondu, sur la première question : que si l'on savait s'y prendre et s'entendre d'avance avec le roi, une ambassade pouvait aller en toute sécurité à Abomey, en se résignant toutefois à y faire un séjour un peu long — Sur la seconde question : qu'il n'y avait rien à espérer. L'agent anglais se faisait une étrange illusion sur la toute-puissance de ses concitoyens, soutenant que, s'il était chargé de l'ambassade, il réussirait à persuader le roi. A cela le missionnaire répondait que la volonté du roi serait impuissante, vu que celui-ci représentait les idées de sa nation et qu'on ne fait pas changer d'avis une nation par de beaux discours. Du reste, on ne parle pas directement au roi, mais seulement par interprète.

3 décembre. — L'amiral, ayant enfin obtenu qu'on lui envoyât des canots pour débarquer avec sa suite, arrive à Whydah bien escorté et portant de nombreux cadeaux pour le roi. Il va à la capitale avec M. Bernasko, ministre wesleyen de Whydah. Les Anglais s'étaient illusionnés sur le résultat de cette ambassade, qui fut absolument nul. Cet illusions n'avaient pas été partagées cependant par M. Freeman, gouverneur de Lagos, qui disait qu'on ne fait entendre raison aux nègres que quand on fait parler le canon. L'amiral Wilmott, qui était allé demander l'abolition des sacrifices humains, avait été forcé d'assister à plusieurs immolations.

Février 1863. — Les deux villes d'*Agoué* et de *Petit-Popo*, gou-

vernées par deux cabécères indépendants, étaient depuis longtemps en état de guerre perpétuel. L'amiral anglais, le ministre
wesleyen et d'autres personnages influents avaient en vain offert
leur médiation. Le chef d'Agoué envoie au Père un messager
pour le prier de vouloir bien accepter la mission de réconcilier
les deux parties belligérantes. Celui-ci part donc le 2 février
pour Agoué, dont le cabécère l'entretient de son désir ardent de
vivre désormais en paix avec ses voisins, et lui promet tout le terrain et toutes les facilités nécessaires pour l'établissement d'une
mission. Puis il se rend à Petit-Popo, dont le cabécère était
moins bien disposé à la paix, et ne finit par y consentir qu'après
de longs pourparlers. Cet homme, appelé *Pedro Cogio*, était d'un
extérieur terrible, de manières farouches, et servait d'épouvan-
tail aux petits enfants. Cette réputation s'étendait jusqu'au Dahomey, où, quand un enfant ne voulait pas rester tranquille, on
le menaçait de Pedro Cogio. Le serment fait par ce belliqueux
personnage ne fut pas violé pendant tout le séjour de celui qui
avait négocié la paix. Plus tard il eut envie de recommencer la
guerre, mais voyant qu'Agoué se tenait sur ses gardes, il renon-
ça à son projet.

Mars 1863. — Le royaume de *Porto-Novo* est placé sous le protectorat de la France par le contre-amiral baron Didelot. Le
traité signé par lui stipule qu'un terrain sera donné pour l'établissement d'une mission.

31 mars. — Dans la soirée, la foudre tombe sur la résidence des
missionnaires et le feu détruit toute la toiture du principal corps
de bâtiment. Le *Jevogan* demande aux incendiés une somme d'argent, suivant l'usage du pays. Il annonce que les féticheurs
viendront dans le fort pratiquer des cérémonies expiatoires. Le
chef de la mission consent à payer, mais refuse énergiquement
de recevoir les féticheurs ; ceux-ci ayant essayé d'entrer par surprise, deux missionnaires s'arment de bâtons et finissent par
chasser les envahisseurs de leur résidence. On leur demande alors
de laisser enlever tout ce qui porte des traces de l'incendie et, la
chose étant accordée, ils rouvrent leurs portes. La foule rentre,
s'empare de tous les débris et ressort pour faire des sacrifices accompagnés de chants, de danses et de copieuses libations d'eau-
de-vie. Quelques jours après le Père Borghero, refusant de payer

une nouvelle contribution d'environ 500 francs, est mis en prison par le Jevogan. Une demi-heure après on vient lui dire qu'il est libre.

Comment expliquer ce changement de disposition ? Il était dû à l'intervention d'un négociant français, M. Barry, qui avait effrayé le Jevogan en lui montrant les conséquences de cet acte brutal et en lui offrant de l'argent pour terminer l'affaire.

En septembre, départ pour Porto-Novo et Lagos, afin de préparer l'établissement de deux missions. Le roi de Porto-Novo accorde un vaste terrain à l'ouest de la ville. Le gouverneur de Lagos dit qu'il ne peut vendre du terrain, mais qu'on peut en donner avec l'autorisation du conseil colonial. Rentré à Whydah, le Père Borghero apprit que le protectorat français l'obligeait à faire une demande à Paris pour entrer en possession du local concédé.

29 *novembre*. — M. Fernandez meurt d'hémorragies intestinales provoquées par l'abus de l'aloès.

11 *janvier* 1864. — Arrivée de deux nouveaux missionnaires, MM. Vermorel et Noché, ce dernier destiné à devenir le chef de la mission.

23 *janvier*. — Le baron Didelot envoie l'autorisation de s'établir à Porto-Novo, à la condition de n'employer que la langue française dans les écoles.

13 *février*. — MM. Lafitte et Cloud repartent pour la France.

17 *février*. — Un grand incendie, causé par l'imprudence de quelques enfants, consume une grande partie de la ville, mais sans atteindre le fort. Le Père Borghero, en portant des secours, reçoit une poutre enflammée qui lui fait une large blessure à la tête. La nuit suivante un nouvel incendie s'allume dans une autre partie de la ville. Les deux sinistres ont fait plus de 80 victimes.

29 *mars*. — On savait que le roi de Dahomey était parti avec son armée pour attaquer Abeokouta. Le bruit commence à se répandre qu'il a été battu et mis en fuite avec une grande perte.

31 *mars*. — Cette nouvelle se confirme, mais l'ordre a été donné de tenir la chose très-secrète, le roi devant toujours faire une entrée triomphale dans sa capitale. On fait acheter partout des

esclaves qui figurent comme prisonniers de guerre et qui seront ensuite massacrés.

Avril 1864. — L'auteur se livre à des réflexions intéressantes sur les résultats obtenus et l'avenir de la mission. Dans les trois années écoulées on a baptisé plusieurs centaines d'individus.

Dans ce pays barbare beaucoup de personnes sont bien disposées pour le Christianisme et, sans s'y convertir, n'empêchent pas leurs enfants de devenir chrétiens. En principe il est défendn aux indigènes d'embrasser cette religion sous peine de mort ; mais cette loi ne s'applique pas à tous ceux qui sont alliés à des mulâtres, ou à ces noirs revenus du Brésil et qu'on appelle blancs, parce qu'ils vivent à la manière des blancs. Il est vrai que tous les chrétiens sont exclus des charges publiques et considérés comme étrangers, mais le roi et les autorités ne leur montrent aucune hostilité. Cependant il ne faut pas se faire illusion ; le jour où les chrétiens commenceront à être nombreux et influents, les féticheurs, qui les détestent, ne manqueront pas de susciter contre eux des persécutions cruelles.

On admet dans les écoles tous les enfants et on n'exerce aucune pression pour leur faire étudier le Christianisme. L'enseignement se fait en langue portugaise, en se servant d'interprètes quand c'est nécessaire. On donne des soins à de nombreux malades.

L'auteur songe à établir des missions à Porto-Novo, Lagos et Abeokouta. Cette ville, peuplée, dit-on, de 100,000 habitants, est très-importante. Son projet est aussi de fonder dans un endroit élevé un établissement où les missionnaires pourraient aller rétablir leur santé, compromise par le climat insalubre des côtes et des pays voisins. Dans ce but le Père décide qu'il fera avec M. Noché, qui doit lui succéder comme directeur du vicariat apostolique de Bénin, un voyage d'exploration pour préparer la fondation de nouveaux établissements. Ils partent le 3 avril au soir, accompagné de Lorenço, un de leurs meilleurs néophytes. A Porto-Novo, négociation avec le roi et prise de possession du terrain qui a été concédé à Lagos. Ils apprennent que le Conseil colonial, sur l'avis favorable de M. Freemans, gouverneur, leur a accordé un vaste terrain. M. Noché reste pour en prendre possession ; le Père Borghero et Lorenço partent en pirogue pour Epé. A leur arrivée ils se présentent au cabécère d'Epé Vossou, qui leur interdit de rester plus d'un jour, mesure prise à l'égard de tous les blancs depuis l'époque où les Anglais avaient dirigé contre cette ville une expédition qui fut repoussée avec perte. Aux observations faites par le missionnaire, il répond que, s'il lui permettait de s'établir dans le pays, il faudrait le permettre à d'autres blancs, qui bientôt s'empareraient du pays comme ils l'avaient fait de Lagos. Le missionnaire reconnaît que Vossou raisonnait très-juste. Celui-ci lui refuse absolument la permission d'aller à *Odé*, ville occupée, ainsi que celle d'Epé, par la nation des *Jébus*. Le roi d'Odé, du moment qu'il arrive au pouvoir, ne se montre plus à ses sujets, et quand on lui parle, il est toujours caché par un voile impénétrable aux regards. Voyage à Palma par la lagune, retour à Epé, puis à Porto-Novo, où l'on retrouve M. Courdioux, qui a installé sur le terrain de la mission une chapelle provisoire en planches.

4 mai 1864. — Départ pour Abeokouta, capitale du pays des *Nangos*, en remontant le fleuve *Ogoun*. Ce voyage présentait de grandes difficultés, l'Etat d'Abeokouta étant en hostilité avec ses voisins les *Hadans*, et ayant de plus interrompu tout commerce avec Lagos. Il était donc impossible à un blanc de visiter ce pays sans en avoir obtenu l'autorisation du commandant de l'armée d'Abeokouta, nommé le *Bacheron*. Par l'intermédiaire d'un négociant italien, M. Scala, qui avait de très-bons rapports avec ce chef, il obtient l'autorisation, qui lui est apportée par un officier chargé de le conduire. Cet officier a reçu comme signe de la mission un des sabres du Bacheron. Le voyage fut long et assez accidenté, et sans la présence de l'officier et l'exhibition du sabre, tous les voyageurs eussent été infailliblement massacrés par les nombreux soldats qui gardaient le fleuve et ses bords. A Abeokouta les voyageurs sont bien accueillis par tout le monde et ne quittent pas cette ville sans y avoir établi de bonnes relations et avoir obtenu la promesse d'une concession de terrain. Quelques mois auparavant, ainsi qu'il a été dit, cette ville avait eu à repousser une attaque des Dahoméens, et beaucoup de cadavres de ces derniers gisaient encore dans les environs, à moitié décomposés. L'attaque, très-mal dirigée du reste, avait été désastreuse pour les agresseurs, grâce aux bons conseils et à la participation d'un certain nombre d'Européens, Anglais ou Portugais, qui habitaient la ville. Le pays est beaucoup moins insalubre que les côtes, à cause de son altitude, de l'absence d'eaux stagnantes et de la nature granitique du terrain. Les *Nangos Eybas*, qui le peuplent, sont de mœurs plus douces et plus industrieux que les Dahoméens. C'est la principale porte ouverte sur le Sahara et l'intérieur de l'Afrique septentrionale. Les marchands d'Abeokouta vont facilement dans le pays des *Haoussas* et même jusqu'à *Tombouctou*. Tout porte à croire que si les relations avec la côte de Lagos étaient libres et faciles, le pays des Nangos pourrait devenir un grand centre de commerce. Le sol est fécond et assez bien cultivé.

19 mai. — Départ, descente de l'Ogoun. Le 21 notre voyageur était de retour à Lagos, d'où il repartait le 23, par le packet anglais, pour Fernando-Po et les montagnes du Caméron, dans le but de trouver dans cette dernière région des stations moins dangereuses pour la santé des Européens que les plages de la Guinée. L'ile de Fernando-Po est une colonie espagnole, où le missionnaire est très-bien accueilli par les Pères Jésuites qui y ont une résidence et une maison d'éducation très-propère. Le sol est basaltique, le pays, très-beau et très-fertile, possède des arbres immenses dans les forêts. Le pic de Fernando-Po est un des plus élevés de l'Afrique. Malgré tous ces excellents éléments, la colonie est peu prospère et les fonctionnaires qu'y envoie l'Espagne, tout en étant des hommes très-bien élevés, ne font rien pour donner de l'essor à l'agriculture et au commerce de ce magnifique pays. L'Espagne n'occupe, à proprement parler, qu'un seul point de l'ile, c'est le port de Santa-Isabel, où elle entretient beaucoup d'employés et de soldats; l'intérieur est presque inconnu des Espagnols, qui ont fort peu de rapport avec les naturels. Il y a quelques années, l'Angleterre voulut acquérir cette colonie par voie d'achat ou d'échange, mais les *Cortès* espagnoles refusèrent de donner suite à cette négociation.

4 juin. — Embarquement pour aller explorer la région du Caméron. Le prêtre quitte pour la première fois son costume qui, dans ce pays, presque inconnu des Européens, aurait pu le mettre en péril. Peudant une navigation très-difficile, sur un mauvais bâtiment, conduit par de mauvais marins, les provisions étant épuisées, les malheureux restent près de 3 jours sans manger, ayant à peine quelques gorgées d'eau saumâtre pour étancher leur soif. Arrivés enfin à *Victoria*, village de moins de 200 habitants, tous venus de l'Amérique anglaise, ils reçoivent une cordiale hospitalité chez M. Bran, nègre, à qui ils avaient été recommandés par le Supérieur des Jésuites de Santa-Isabel.

Le village est le siége d'un marché où les habitants de ces côtes et ceux de la montagne viennent tous les trois jours échanger leurs denrées. La population de la montagne est surtout représentée par des femmes d'aspect misérable, presque toujours nues et horriblement tatouées, qui viennent, par groupes de cinq ou six et chargées de pesants fardeaux, sous la conduite d'un homme passablement vêtu, portant seulement un bâton avec lequel il conduit ces malheureuses comme un troupeau. Cette population, la plus misérable qu'on puisse voir, offre un pénible contraste avec la grandiose nature du sol, couvert de splendides forêts.

10 *juin*. — Départ en pirogue pour aller faire un voyage d'exploration autour du Caméron, et, si c'est possible, pour gravir cette montagne. Le but des voyageurs est d'arriver jusqu'à *Mapania* en tournant la montagne du côté de l'est, et de redescendre sur Victoria par *Lobo*.

Arrivés dans le village de *Bovéa*, ils se voient entourés de femmes qui les excitent publiquement à venir chez elles en faisant des signes impudiques, approuvés et imités par la foule. Plusieurs fois le pauvre missionnaire fut obligé de se servir de son bâton pour se débarrasser de ces obsessions. Dans son voyage à Abeokouta il avait été en butte à des tentatives analogues, mais jamais avec un pareil dévergondage.

Toutce voyage ne se fit pas sans difficulté et nécessita une grande prudence. Dans plusieurs villages, les habitants se méfiaient des blancs et le moindre geste mal interprété aurait pu amener le massacre de toute cette petite expédition. Par contre, ils étaient très-bien accueillis dans d'autres localités. Cette race est très-misérable et très-peu intelligente.

On voit souvent des hommes atteints de l'éléphantiasis des parties génitales produisant chez eux d'énormes tumeurs.

Chaque village ou groupe de villages a un chef, mais il y a des inimitiés si grandes entre voisins, qu'on ne peut pas toujours aller d'un endroit à un autre sans risquer sa vie. On ne trouve aucune trace de culte. Cependant les habitants croient à l'immortalité de l'âme et à l'existence d'un Dieu, auquel du reste on ne rend aucun hommage.

14 juin. — *Botany*, chef du village de *Mapania*, placé aux pieds du Caméron, du *côté* où cette montagne est le plus abordable, a accordé, non sans difficulté et moyennant des présents, la permission de gravir ce sommet. Mais au moment du départ il élève de nouvelles prétentions, auxquelles le Père Borghero oppose un refus énergique et renonce à une ascension qui n'avait pour lui qu'un intérêt secondaire, puisque Mapania est déjà trop élevé pour l'établissement d'une mission. M. Burton, accompagné de quatre autres blancs, avait fait l'ascension de cette montagne, et ne s'était délivré des exigences de Botany qu'en lui mettant le revolver sur la gorge. Burton a évalué la hauteur du Caméron à environ 4,000 mètres. Il est de nature volcanique. Le port naturel qui se trouve à ses pieds pourrait faire une excellente station maritime en pays sain, ainsi que la presqu'île qui se trouve entre la baie d'*Amboise* et la *baie Man of War*. Eau abondante, sol très-fertile. Les indigènes le nomment *Mongo me Loba*, ou *Malongo Maloba*, ce qui veut dire *montagne de Dieu*. Burton croit que cette montagne est le célèbre Θεῶν ὄχημα ou *Deorum currus* du périple d'Hannon. Arrivés à ce point, les Carthaginois durent revenir sur leurs pas à cause du manque de vivres. Rentrés à Victoria, les voyageurs visitent l'île de *Nundori*, qui leur paraît très-propre à l'établissement d'une mission. Les habitants, de mœurs douces, ne vivent que de pêche. L'île voisine de *N'Dami* est peuplée de pirates. La *baie d'Amboise* pourrait former un magnifique port. Elle est située par 4 latitude nord, 6,52 longitude est du méridien de Paris. La *baie Man of War* est moins grande avec moins de fond.

Le 18 *juin.* — Retour à Fernando-Po sur un navire hambourgeois. — Le jour, ascension d'une montagne, indications sur les meilleurs chemins à tracer pour arriver au sommet. On offre au Père une place d'ingénieur avec 15,000 fr. d'appointement. Il refuse, ayant autre chose à faire.

Admirablement reçu par tous les habitants du pays, tous très-braves gens, mais peu faits pour fonder une colonie en pays sauvage. La ville de Santa-Isabel compte 3,000 habitants, tous venu d'Espagne ou des colonies espagnoles.

Juillet 1er. — Départ de Fernando-Po sur un paquebot anglais, relâché à *Duketown*, à l'embouchure du *vieux Calabar*, une des bouches du Niger.

9 juillet. — Retour à Lagos. Le Père Borghero apprend d'un négociant de Whydah que le Père Noché, qu'il avait constitué son remplaçant, est mort à Porto-Novo, le 1er juillet, d'une méningite causée par l'imprudence avec laquelle cet homme plein de zèle s'exposait aux ardeurs du soleil. Autre nouvelle inattendue: MM. Lafitte et Cloud, partis de Whydah en février, pour se rendre en Europe, se sont retrouvés après 2 mois de navigation sur un bâtiment de commerce mal commandé, à l'embouchure du Volta. Revenus à Whydah au grand étonnement de tous, ils sont repartis sur le paquebot anglais.

13 juillet. — Arrivée à Porto-Novo. Le missionnaire se décide à rester pour les travaux de la construction que son collaborateur n'avait pas eu le temps de commencer avant sa mort. Cette maison est faite avec de grandes branches de palmier.

19 juillet. — Il est rejoint par M. Courdioux, auquel il avait écrit de venir de Whydah. Il le constitue supérieur de la mission de Whydah, et M. Courdioux repart le 27 pour le Dahomey.

14 août. — La maison est presque terminée, elle est déjà occupée depuis plusieurs jours par 4 néophytes.

15 août. — On y célèbre avec le plus de solennité possible la fête de l'Assomption, suivie d'un *Te Deum* en usage en France. Depuis ce moment, on travaille activement à la construction de l'église et à l'enceinte du cimetière. M. Bébin part pour Whydah et en revient le 14 octobre avec 4 néophytes. Des discussions s'élèvent entre le roi et le chef du protectorat français. Ce protectorat n'est, en somme, avantageux ni aux négociants français ni aux indigènes.

20 novembre. — Bénédiction solennelle de l'église. Elle a intérieurement 14 mètres de long sur 6 de large. Les indigènes la trouvent magnifique.

21 *décembre*. — On apprend que le protectorat français va cesser et, en effet, deux jours après, l'aviso le *Dialmat* quitte Porto-Novo. Beaucoup d'indigènes qui, dans la crainte d'un conflit à main armée, avaient quitté la ville, s'empressent d'y rentrer.

30 *décembre* 1864. — On apprend que M. Bébin, récemment parti pour Whydah, y est mort. Ce qui fait quatre décès depuis le commencement de la mission.

Le Père prépare son retour en Europe, sa santé très-altérée l'exige impérieusement. Il doit conduire 12 enfants indigènes qui seront élevés en Espagne.

Arrivé au terme de son journal, le courageux missionnaire jette un coup d'œil sur l'ensemble de ses travaux, et, malgré tout ce qui reste à faire, se félicite à bon droit du résultat obtenu. En dépit de l'ignorance et de la barbarie des indigènes, en dépit de l'insalubrité du climat qui a enlevé plus de la moitié de ses collaborateurs, il a établi d'une manière qui paraît devoir être durable, les deux missions de Whydah et de Porto-Novo, et a préparé la fondation d'une troisième mission à Lagos.

Le zèle ardent et l'intelligence de ses successeurs ne peuvent manquer d'élever à un état bien plus prospère encore les deux établissements fondés au prix de tant de labeurs et de souffrances, et d'en augmenter le nombre pour la gloire de Dieu et la civilisation des races africaines.

Pour atteindre ces grands résultats, les missionnaires ont en leur pouvoir les trois moyens suivants: 1° la vie chaste, qui inspire aux naturels la plus vive admiration ; 2° l'exercice de la charité envers les malades ; 3° l'instruction et l'éducation des enfants. Le temps a-t-il réalisé ces espérances ? Les voyageurs qui, au bout de quelques années, ont visité ces contrées lointaines, peuvent nous le dire.

M. Feris nous a appris que, dix ans après le départ du fondateur, les établissement catholiques de Porto-Novo, d'Agoué, de Lagos avaient grandi et prospéré, mais que des tracasseries sans nombre, suscitées par d'anciens négriers, avaient chassé de Whydah les successeurs de ce prêtre blanc, auquel le roi de Dahomey avait fait une réception si brillante et de si vives protestations d'amitié. Depuis cette époque s'est fondé un établissement agricole à *Tokpo*, près de Badagry, et une mission a été établie à Abeo-

kouta. Ainsi la semence jetée par le courageux apôtre a fructifié
sur cette terre barbare, et la vie de ses compagnons, martyrs
obscurs de leur foi et de leur amour pour l'humanité, n'a pas été
sacrifiée sans compensations.

Dans le journal dont je viens de terminer l'analyse, le Père
Borghero s'est surtout appliqué à relever les faits qui constituent
sa propre histoire. Mais là ne se termine pas son œuvre littéraire;
un sérieux appendice contient une étude sur la religion du
Dahomey, les mœurs, l'esclavage, les supplices et les sacrifices
humains. La religion, dont aucun livre ne donne la formule et
l'enseignement, est un polythéisme grossier, poussant à la haine,
à l'égoïsme et au crime. Cependant, si l'on interroge les hommes
sérieux et intelligents, on reconnaît chez tous une vague notion
de l'existence d'un Dieu unique, lequel, du reste, ne s'inquiète en
rien des affaires de ce monde et n'a ainsi droit à aucun culte.

Quant aux divinités secondaires ou *fétiches*, elles sont très-nom-
breuses; leurs prêtres ou *féticheurs*, très-puissants et très-redoutés,
usent de leur influence pour s'enrichir et se mettre au-dessus de
toute loi et de toute autorité. La croyance à une vie future existe
généralement chez les noirs, mais ils n'admettent pas que celle-
ci diffère sensiblement de la vie présente. A la mort du roi on
immole des centaines de victimes, qui doivent l'accompagner et
lui continuer leurs services dans l'autre monde. La mort est envisagée comme une chose si terrible qu'on ne doit jamais en parler, et surtout au roi. Quand une personne importante de la Cour
vient à mourir, on la fait représenter par une autre qui prend son
nom, ses qualités et même ses vêtements; on lui parle absolument comme on le ferait à la personne décédée. Les noirs consi-
dèrent la religion comme un usage purement local. Chaque pays
a ses fétiches, et si les blancs sont plus puissants et plus pros-
pères que les hommes des autres races, c'est qu'ils ont des fétiches plus rusés. La religion chrétienne, ne permettant qu'une
femme et imposant certaines contraintes aux passions humaines,
peut être bonne pour les blancs, mais ne vaut rien pour les noirs.
Le fatalisme, admis généralement au Dahomey, amène à la fois
la résignation dans le malheur et l'absence de tout effort pour
perfectionner sa nature morale et se rendre meilleur en com-
battant ses mauvais instincts. On entend souvent dire : Celui qui
est né pour être méchant pourra-t-il jamais être bon? Tel homme

est honnête, c'est qu'il est né pour l'être et il n'a aucun mérite à cela. Ces croyances expliquent comment les châtiments sont exclus de la vie future.

Tout le monde a entendu parler du culte des serpents à Whydah. Ces animaux n'ont qu'un faible venin, sont généralement engourdis et ont besoin d'une très-grande chaleur pour devenir un peu vifs. On les adore parce qu'ils sont presque inoffensifs, surtout si on les compare aux terribles reptiles, si abondants en Guinée, et dont la morsure est mortelle. On voit au Grand-Popo des boas de dimensions colossales qui circulent librement et qu'il est défendu de tuer sous peine de mort. Quand un de ces serpents enlève un enfant, la mère elle-même ne peut venir au secours de cette malheureuse victime, dont les parents doivent au contraire se tenir pour très-honorés et faire des offrandes à un Dieu qui a daigné choisir un membre de leur famille pour en faire sa nourriture. A Whydah le culte est mieux organisé. Il existe au centre de la ville un terrain enfermé dans une enceinte de terre et ombragé par des arbres immenses. A l'entrée de l'enceinte est un petit temple tout couvert en herbes sèches. Dans sa toiture se logent les serpents qui ont la liberté de sortir, mais qui sont rapportés religieusement à leur demeure, laquelle finit par leur devenir habituelle.

A la fin du dernier siècle, quand l'armée du Dahomey fit la conquête de Whydah, les défenseurs de cette ville placèrent tous les serpents sacrés sur la chaussée que devait suivre l'armée ennemie pour arriver jusqu'à eux. Les Dahoméens, qui ne professaient pas le culte des serpents, foulèrent aux pieds ces divinités, mais n'empêchèrent pas ensuite les habitants de Whydah de les adorer comme auparavant.

La polygamie existe au Dahomey et l'homme se procure autant de femmes qu'il en peut nourrir, faisant peu de distinction entre la femme et l'esclave. Le divorce peut avoir lieu pour les causes les plus minimes. Les mariages se font donc le plus souvent sans contrat et sans cérémonie d'aucune sorte ; cependant les familles riches donnent à ces alliances une certaine solennité, les célébrant par des chants, des danses et de copieuses libations. Les mêmes démonstrations, accompagnées de larmes plus ou moins sincères, se font à propos des funérailles. Les morts sont enterrés dans leur propre maison.

L'auteur envisage ensuite l'organisation des féticheurs, les amulettes, les oracles et les cérémonies religieuses. Il termine son travail par une étude sur les sacrifices humains et les coutumes horriblement sanguinaires en usage sur cette terre de malédiction. Il se demande d'abord quelles sont les causes de ces monstruosités accomplies non-seulement sur les ennemis vaincus, mais sur des êtres innocents et inoffensifs, sans que l'idée de vengeance puisse être admise. Selon lui, les motifs suivants peuvent être invoqués :

L'idée de l'expiation des crimes par le sang est aussi ancienne que le monde. Mais on offre aussi des sacrifices pour se concilier la faveur des dieux au commencement d'une guerre, en cas d'épidémie ou d'autres événements fâcheux. Ainsi, quand le commerce va mal, on égorge des victimes sur le rivage, de manière que leur sang se mêle aux flots de l'océan. La mort du roi amène le massacre de ses femmes, de nombreux serviteurs et d'autres individus auxquels on donne des commissions pour le défunt. Si un enfant vient au monde avec une anomalie quelconque, les féticheurs l'arrachent à ses parents pour le sacrifier à une de leurs divinités. Un pauvre enfant, né avec des dents, fut ainsi enlevé une nuit dans le voisinage de la mission et jeté dans la lagune. L'ostentation est aussi pour quelque chose dans ces cruautés. Quand un personnage important vient au Dahomey, on ne manque pas de lui donner le spectacle d'un grand massacre. Enfin les sacrifices humains sont un moyen de gouverner par la terreur et de maintenir la population dans une obéissance plus complète.

Le roi *Ghezo*, prédécesseur de *Gréré*, avait l'intention de réformer sous ce rapport les mœurs de son peuple. Sous son règne qui dura 40 ans, les sacrifices humains diminuèrent de fréquence et le nombre des victimes fut réduit à quelques centaines pour chaque année. L'opinion publique attribua sa mort au poison des féticheurs, dégoûtés d'un système aussi avare de sang humain. Gréré fit refleurir les ancienes coutumes.

Les sacrifices se pratiquent dans toute l'Afrique nègre, mais surtout dans les royaumes des Ashantis, de Dahomey et de Bénin. Quand ils doivent avoir lieu la nuit, ordre est donné sous peine de mort, à tous les habitants, de rentrer chez eux le soir et de n'en pas sortir. La ville est parcourue par des hommes armés,

prêts à tuer tout personnage trouvé hors de son domicile, et par
des bandes de féticheurs et de féticheuses, faisant entendre les
chants les plus lugubres. A un signal donné par des coups de
fusil et de canon partis de la maison du roi, les bourreaux sai-
sissent les victimes et les étouffent. Puis les cadavres sont revêtus de beaux costumes, et installés dans différentes postures sur
la place publique, où, le jour venu, la foule vient les contempler
avec admiration.

D'autres fois les victimes sont introduites dans des piéges
semblables à ceux dont se sert pour les animaux; la foule assiste
avec joie à leur agonie, et n'épargne pas ses plaisanteries et ses
sarcasmes aux pauvres mourants.

Tout le monde a entendu parler des cérémonies solennelles
dans lesquelles le roi, placé sur une haute estrade et entouré de
toute sa cour, fait jeter des malheureux liés dans des paniers
à la multitude, qui s'empresse de les mettre en pièces. D'autres
supplices sont décrits par l'auteur, mais je ne m'étendrai pas plus
longtemps sur ces hideux spectacles. Les étrangers et même les
représentants de puissances européennes ont été souvent obligés
d'assister à ces scènes en tenant à la main le pavillon de leur
nation. Nous avons vu que cette humiliation fut subie par
un amiral anglais, sir Wilmott. Le père Borghero était, à l'époque de son voyage dans la capitale, le premier Européen qui ait
été reçu en grande cérémonie, sans être contraint d'assister à
aucune immolation humaine. Ce qu'il regarda, à juste titre,
comme la preuve d'une considération exceptionnelle.

Outre les sacrifices qu'on peut appeler ordinaires, il se fait
dans certaines occasions exceptionnelles des massacres dépassant
en horreur tout ce qui a été exposé jusqu'à présent. Ainsi en l'année 1860, à l'époque du premier anniversaire de la mort du roi
Ghézo, les féticheurs prescrivirent à son successeur de parcou-
rir dans le sang humain l'espace compris entre les villes de
Canna et d'Abomey, c'est-à-dire environ douze kilomètres. Sans
insister sur les détails de cette épouvantable exécution, disons
seulement que l'évaluation la plus modérée ne peut pas porter à
moins de 2,000 le nombre des créatures humaines qui furent sa-
crifiées à cette occasion.

En 1862 ou 1863, le roi fit une course en pirogue dans un bas-
sin rempli en partie d'eau et en partie de sang humain. Enfin,

en 1864, Gréré, voulant venger la mémoire de son père qui avait été battu sous les murs d'Abeokouta, dirigea contre cette ville une nouvelle expédition. Repoussé avec de grandes pertes, il n'en voulut pas moins rentrer en triomphe dans sa capitale et fit acheter un grand nombre d'esclaves, qu'il ramena avec son armée et fit massacrer en grande pompe. La même année, sur l'ordre des féticheurs, il fit construire un temple en terre pétrie avec du sang humain.

L'auteur termine cette longue énumération par la description du culte du Dieu *Oro*, pratiqué dans le pays des Nangos, et à qui on immole de temps en temps une jeune et belle fille, avec des raffinements d'impudicité et de férocité sur lesquels je ne veux pas m'étendre. Il est juste de dire que ces sacrifices sont devenus plus rares, surtout depuis l'établissement à Lagos des Anglais, qui font les plus grands efforts pour l'abolition d'une aussi atroce coutume.

Mesdames, Messieurs, avant d'écrire ces dernières lignes, je me suis demandé s'il était bon et nécessaire de faire passer sous vos yeux le tableau de toutes ces horreurs. Peut-être aurais-je dû vous en épargner l'exposition ; mais dans un moment où l'Europe chrétienne et civilisée dirige ses efforts du côté de cette terre d'Afrique où le sang français vient de couler encore, il est opportun de montrer à tous à quel point de barbarie sont restées ses populations et combien nous devons les prendre en pitié. Les peuplades les plus sauvages des autres parties du monde peuvent être cruelles pour les ennemis vaincus, les anthropophages peuvent tuer des créatures humaines pour en faire leur nourriture ; nulle part, sur le globe, on ne rencontre aujourd'hui un pareil amour du meurtre et de la destruction.

Honneur donc à tous ces hommes de cœur qui consacrent leur temps et leur vie à l'amélioration de cette race si déshéritée des nègres. Dieu finira par couronner leurs efforts ; mais, quel qu'en soit le résultat actuel, ils auront toujours bien mérité de leur patrie et de l'humanité.

Imprimerie Générale de Lyon, rue de Condé, 30. — J.-E. Albert.

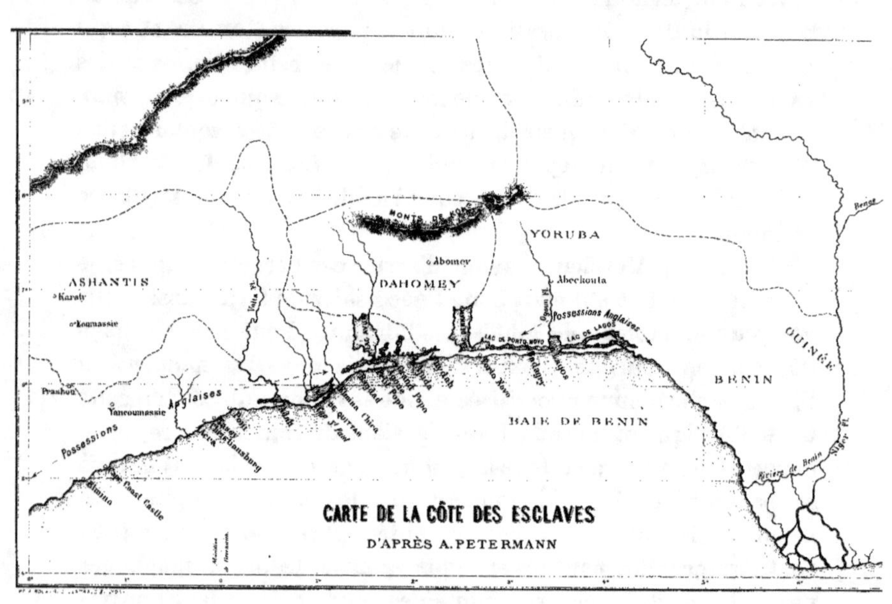

ASHANTIS
Karaly
Koumassie
Prashou
Yancoumassie
Possessions Anglaises
Elmina
Coast Castle
Christiansborg
Volta Fl.
Cap de Quittah
St Paul
Elmina Chica
Aglad
Grand Popo
Petit Popo
Whydah
Ouida
Porto Novo
Badagry
Lagos
DAHOMEY
Abomey
MONTS DE KONG
YORUBA
Abeokouta
Ogoun Fl.
Possessions Anglaises
Lac de Porto Novo
Lac de Lagos
Ossa Fl.
BAIE DE BENIN
BENIN
GUINÉE
Benoé
Rivière de Benin
Niger Fl.
CARTE DE LA CÔTE DES ESCLAVES
D'APRÈS A. PETERMANN